愛と義の精神を貫いた知将

直江兼続

花ヶ前盛明

新潟県人物小伝シリーズ第一作・第5刷出来

■A5判／116頁／定価1，050円

謙信が築いた上杉家の誇りを胸に、信義を貫いた直江兼続。愛の文字を掲げた兜で戦場を駆け抜け、知略を尽くし主君景勝を支えた彼の生涯をたどる。

978-4-86132-266-2

新潟 大人の遠足

「兼続を歩く」

——直江兼続ゆかりの地で触れる「愛」と「義」

のんびり歩けるコース設定で、楽しく、学べる歴史紀行

上杉謙信、景勝そして直江兼続ゆかりの地をたずねる大人の小旅行。寄り道、道草…気ままな遠足、新潟県内はもとより山形県・福島県・富山県など1泊2日の修学旅行⁉も含め22コースを紹介。

■四六判／200頁（予定）／定価1，575円

978-4-86132-299-0

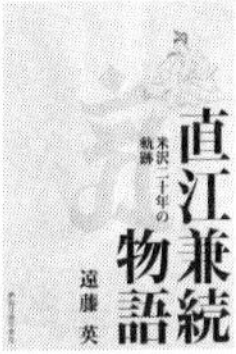

米沢二十年の軌跡

直江兼続物語

A5判／100ページ
定価840円

遠藤　英

困難の中で城下町米沢を築きあげた
直江兼続の業績と精神性に迫る好著

978-4-86132-297-6

新潟日報事業社
〒951-8131　新潟市中央区白山浦2-645-54
TEL025-233-2100（直通）　FAX025-230-1833

史跡探訪

直江兼続

花ケ前盛明 著

写真／金茶糸威最上胴具足（上杉神社蔵）

目次

直江兼続の生涯 —— 4

新潟県

上越

春日山城跡 —— 14
御館跡 —— 18
林泉寺 —— 20
居多神社 —— 22
高田城跡 —— 24
直峰城跡 —— 26
鮫ヶ尾城跡 —— 28

直江兼続銅像（与板歴史民俗資料館・茂木弘次作）

中越
坂戸城跡 30
雲洞庵 34
龍澤寺 樺沢城跡 36
下倉山城跡 38
与板城跡 40
徳昌寺 44
栃尾城跡 46

下越
天神山城跡 48
新発田城 50
鳥坂城跡 54
村上城跡 56

佐渡
羽茂城跡 58
妙宣寺 60

山形県
山形城跡 62
最上義光歴史館 64
長谷堂城跡 66
畑谷城跡 68
亀岡文殊堂 70

米沢
上杉神社稽照殿 72
米沢城跡 76
松岬神社 78
米沢市上杉博物館 80
上杉家廟所 82
林泉寺 84
宮坂考古館 88
法泉寺 90
東源寺 92
直峰町 94
直江石堤 96
白布温泉 98

福島県
若松城 神指城跡 100
向羽黒山城跡 104

富山県
魚津城跡 106

直江兼続をめぐる人々 108
戦国時代のおもな城館跡 115
系図（樋口氏・直江氏） 116
直江兼続略年譜 120
史跡マップ 122

●掲載地のデータは平成21年4月現在のものです。変更になる場合もありますので、あらかじめご了承ください。

■表紙写真
表紙一写真　直江兼続銅像（与板歴史民俗資料館・茂木弘次作）、坂戸山遠景
帯　写　真　金小札浅葱糸威二枚胴具足（上杉神社蔵）
表紙四写真　直江兼続銅像（与板歴史民俗資料館・茂木弘次作）、樺沢城跡から市街地を望む

坂戸城下で誕生

直《なお》江《え》兼続《かねつぐ》は智謀をもって上杉景勝に仕えた軍師・参謀で、そのうえ優れた経営家でもあった。

豊臣秀吉をして、「天下の政治を安心して預けられるのは、直江兼続など数人にすぎない」といわせたほどである。徳川家康でさえも、一目置いていたという。

兼続は永禄《えいろく》三（一五六〇）年、坂戸《さかど》城（南魚沼市）主長尾政景《まさかげ》の家臣樋口兼豊《かねとよ》の長男として誕生した。幼名与六《よろく》、加冠して兼続と称した。母は信濃の武将泉《いずみ》弥七郎重蔵《しげくら》の娘であった。

兼続には、二人の弟実頼《さねより》と秀兼《ひでかね》がいた。実頼は小国《おぐに》重頼の養子となって小国家を相続した。のち、景勝の命によって「大国《おおくに》」と改めた。

兼続の主君となる景勝は、弘治元（一五五五）年十一月二十七日、坂戸城主長尾政景の二男として誕生した。母は上杉謙信の姉仙桃（洞）院である。綾姫《あやひめ》と伝える。

兼続は幼少から聡明で、景勝の母仙桃院に非凡な才能を見込まれて、景勝の近習《きんじゅう》にとりたてられたといわれている。景勝より五歳年下であった。

永禄七（一五六四）年七月五日、大事件が起こった。そのとき景勝十歳、兼続五歳であった。

景勝の父長尾政景は琵琶島《びわじま》城（柏崎市）主宇佐美定満《さだみつ》を招き、野尻《のじり》池（谷後《やご》、南魚沼郡湯沢町）

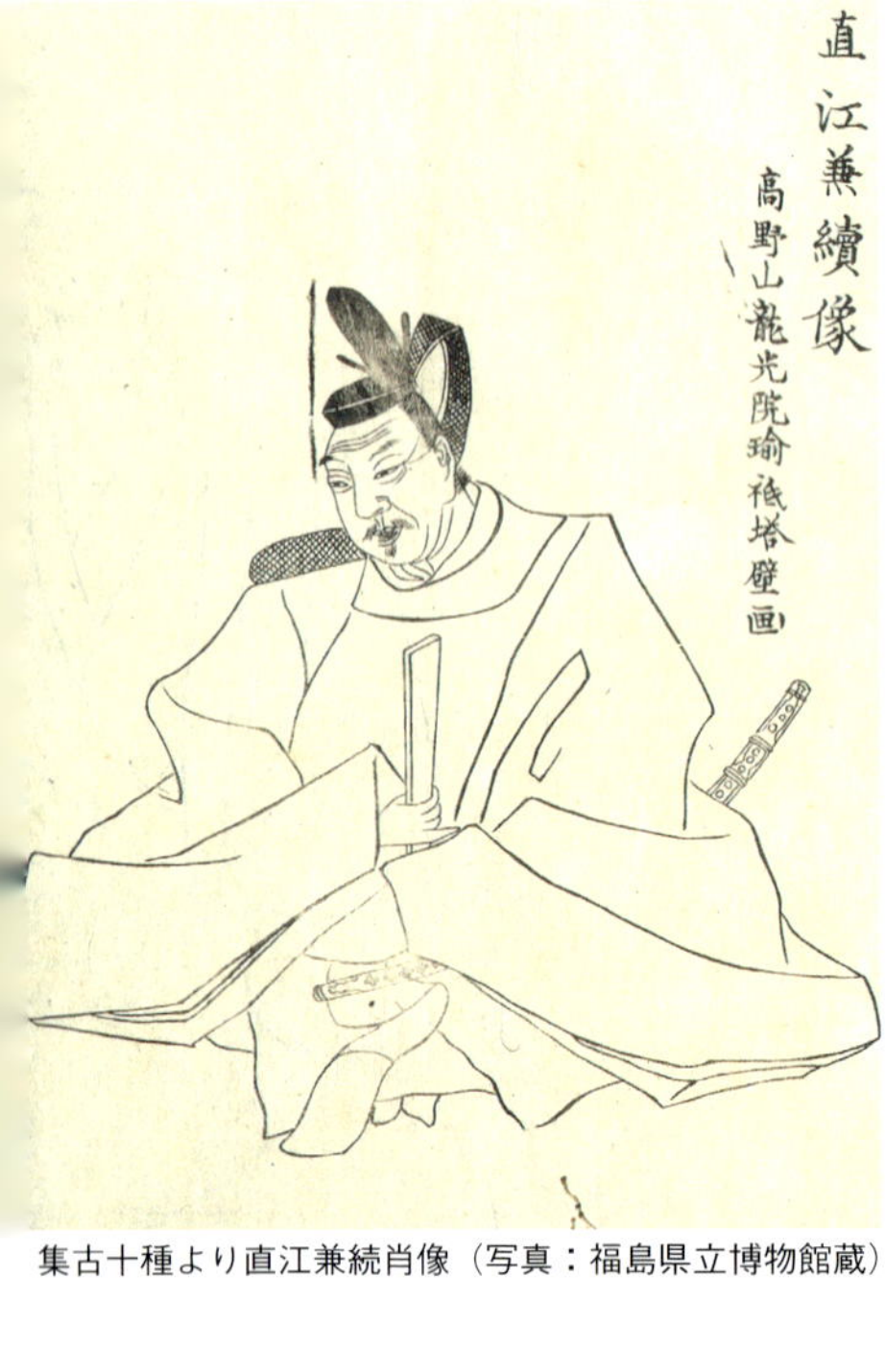

集古十種より直江兼続肖像（写真：福島県立博物館蔵）

上越市街地空撮（写真提供：文化印刷株式会社）
（高田周辺から直江津）

で舟を浮かべて遊宴を催した。酒に酔い、興《きょう》にのった二人は遊泳を始めた。ところが二人とも溺死《できし》してしまった。

　このころ、兼続は景勝と雲洞庵《うんとうあん》（南魚沼市）で、北高全祝《ほっこうぜんしゅく》や通天存達《つうてんそんたつ》（景勝の叔父）から学問を学んだ。父の死後、景勝は謙信の招きで母仙桃院とともに春日山城に移り、謙信の養子となった。そのとき、近習の兼続も景勝に従った。

　天正三（一五七五）年二月十六日、上杉謙信は諸将の軍役を定めた。いざ出陣というときの動員名簿である。兵力は五、五五三名であった。このなかで景勝は御中城様《おちゅうじょうさま》と呼ばれ、一門の筆頭に位し、三七五名を負担した。十六歳の兼続は景勝の近習として、家臣団に名前を連ねていたことであろう。兼続は春日山城中で謙信から何を学んだのであろうか。

　一つは、戦法であろう。謙信は十五歳のとき栃《とち》尾《お》城（長岡市）で初陣《ういじん》をはたし、天正六（一五七八）年、四十九歳で死去するまでの三十余年間に、七〇回あまり戦ったといわれている。そのうちほとんどが攻城戦で、野戦は川中島の合戦（長野市）、利根《とね》川の対陣（群馬県前橋市）、手取《てどり》川の戦い（石川県白山市）など、数回にすぎなかった。謙信の戦法は電撃作戦で、敵の虚をついて奇襲する効果的な戦法であった。謙信の戦績は四三勝二敗二五引き分け。勝率九五・六パーセント、驚くべき勝率であった。

　一つは、「義」「愛」の心である。永禄三（一五六〇）年、常陸《ひたち》（茨城県）の佐竹義昭《さたけよしあき》が謙信に関東出陣を頼んだとき、謙信は依怙贔屓《えこひいき》で戦《いくさ》はしない。筋《すじ》目《め》（「義」、大義名分《たいぎめいぶん》）をもって味方する―と申し送っ

越後國上杉景勝家督争合戦（新潟県立図書館蔵）
御館の乱を描いた錦絵

ている。兼続は私利私欲のためではなく、上杉家の安泰だけを考えていたに違いない。

御館の乱

天正六（一五七八）年三月十三日、謙信が死去すると、養子の景勝と景虎とが家督相続をめぐって争った。御館《おたて》の乱である。そのとき十九歳の兼続は景勝の側近として、景勝の勝利に大きな役割をはたした。

景虎は小田原城（神奈川県小田原市）主北条氏康《ほうじょううじやす》の七男として天文二十三（一五五四）年に誕生。三郎といい、元亀元（一五七〇）年、謙信と氏康とが和睦した際（越相同盟《えつそうどうめい》）、人質として春日山城にやってきた。ときに十七歳。謙信の幼名「景虎」を賜り、景勝の姉と結婚して春日山城二の丸に住んだ。

おそらく謙信は景勝に越後を、景虎に関東管領職《かんれいしき》を継がせるつもりであったろう。

三月十五日、金蔵、兵器蔵を占拠し、二十四日には謙信の後継者であることを内外に報じた。さらに春日山城中の在庫金約三万両（二、七一四枚五両六分）を手中《しゅちゅう》におさめた。

両軍は五月五日、はじめて大場《おおば》（上越市国府）で衝突した。十三日夜、景虎は春日山城を脱出し、前関東管領上杉憲政の居住する御館に立てこもり、春日山城の景勝と戦った。

御館は上杉憲政の館《やかた》であったと同時に、上杉謙信の政庁でもあった。

御館を中心とした地域が越後府中（府内）で、ここには上杉家の菩提寺至徳寺《ぼだいじしとくじ》、足利尊氏発願《ほつがん》の安国寺《あんこくじ》、上杉謙信建立の善光寺《ぜんこうじ》、聖武《しょうむ》天皇勅願《ちょくがん》の越後国分寺、越後一の宮居多《こた》神社などがあった。

両軍は大場・居多ヶ浜・府内（上越市五智地区）で戦った。やがて越後を二分した戦いとなった。翌天正七年三月十七日、御館は景勝軍の猛攻撃をうけて落城した。

敗北した景虎は兄の北条氏政のいる小田原城へ逃亡しようと、鮫ヶ尾《さめがお》城（妙高市）に立ち寄った。ところが城主堀江宗親の謀反にあい、三月二十四日、もうこれ以上逃げ切れないと知って、自害した。ときに二十六歳。

鮫ヶ尾城跡から出土する焼け米は、この戦いで兵火にかかった米蔵のものである。最近、鮫ヶ尾城の三の丸跡井戸付近から「おにぎり」が出土した。城下の勝福寺（妙高市乙吉）に「上杉三郎景虎供養碑」「上杉景虎石像」がある。

出土したおにぎり（写真提供：妙高市教育委員会）

御館の乱の際、兼続は景勝の参謀として、景勝の勝利に大きな役割をはたした。

直江家を継ぐ

天正九（一五八一）年九月一日、春日山城中で御館の乱の論功行賞のもつれから、毛利秀広《ひでひろ》が山崎秀仙《ひでのり》を斬殺した。秀仙と談じていた直江信綱はとめに入って、逆に殺害されてしまった。信綱にとって、とんだ災難であった。

信綱は上野国総社《そうじゃ》（群馬県前橋市）の長尾顕景の子であったが、与板《よいた》城（長岡市）主直江景綱の娘おせんの方の婿になった。二人の間に子供はなかった。

直江家は藤原鎌足《かまたり》の孫麻呂《まろ》（京家）の末裔《まつえい》で、直江荘（上越市直江津地区）を賜って、姓としたと伝える。直江家は直江の津を根拠地とした。景綱は長尾為景・長尾晴景・上杉謙信の三代に仕えた。

信綱が殺害されると景勝は、名家の断絶を惜しみ、兼続に直江家を継がせた。こうして兼続は直江家の居城与板城に入った。兼続二十二歳、おせんの方二十五歳であった。

天正十（一五八二）年、織田信長は甲斐の武田勝頼を討つと、「天下布武」を掲げて越後に迫った。柴田勝家を総大将とする織田軍は、上杉軍の立てこもる魚津城（富山県魚津市）を包囲した。

城将の山本寺《さんぼんじ》景長・吉江宗誾《よしえむねのぶ》（宗信）・吉江信景（資堅《すけかた》）・竹俣《たけのまた》慶綱・中條景泰《なかじょうかげやす》らは、兼続に救援を求めた。織田軍に包囲されること八十余日、救援もなく六月三日、全員自害した。

ここで景勝は四面楚歌《しめんそか》、窮地に陥った。ところが、六月二日、信長が京都本能寺で明智光秀《あけちみつひで》に討たれると、戦況が一変した。「信長自刃《じじん》」の急報が四日、魚津城に届いた。驚いた織田軍が全軍撤退し、景勝は一夜にして窮地を脱した。

新発田重家の謀反

天正九（一五八一）年六月十六日、新発田《しばた》城（新発田市）主新発田重家《しばたしげいえ》が織田信長に内通し、景勝に背いた。重家は天正六年の御館の乱の際、兄長敦《ながあつ》、竹俣慶綱、加地《かぢ》春綱、中條景泰、色《いろ》部《べ》長実《ながざね》（長真）らの揚北衆《あがきたしゅう》（阿賀野川以北の武将）とともに景勝に味方し、戦功があった。乱後の論功行賞で重家の戦功が高く評価されたが、何の恩賞もなかった。憤懣《ふんまん》やるかたなかったとき、織田信長から勧誘があった。

一方、景勝と兼続は重家の動向を探るため天正九年六月二十二日、旗持《はたもち》城（柏崎市）主蓼沼《たでぬま》友重を木場《きば》城（新潟市）将に任じて本丸を、山吉景長に二の曲輪《くるわ》を守らせた。

七月十四日、越中守将黒金《くろがね》景信らは加賀・能登の敵情を兼続に報じ、景勝の越中出馬を要請した。十一月十九日、越中守将須田《すだ》満親は、越中守備に尽力することを兼続に報じている。このように兼続は景勝の家老として、織田軍侵攻の難局に対処していたのである。

重家は織田信長の支援をうけ、破竹の勢いで新潟と沼垂《ぬったり》（新潟市）を占領し、戦線を拡大した。そのため景勝方の蓼沼友重、山吉景長、本庄《ほんじょう》繁長、色部長真らは、新潟・新発田・水原などで新発田軍と戦った。

ところが天正十年六月二日、信長が京都本能寺で明智光秀に討たれると、戦況が一変した。景勝は攻勢に転じ、積極的に新発田城を攻めた。豊臣

新発田重家画像（福勝寺蔵）

秀吉も重家にしきりに降伏を勧めた。しかし重家は応ぜず、頑強に抵抗を続けた。

天正十五年八月、景勝は大軍を率いて新発田城へ向かった。九月七日に加地城（新発田市）を、十四日に小田切《おだぎり》盛昭の赤谷《あかだに》城（新発田市）を、十月二十二日に五十公野《いじみの》城（新発田市）を攻略し、最後に重家の立てこもる新発田城に迫った。

二十四日から新発田城攻撃にとりかかり、翌二十五日、攻略した。重家は自ら染月毛の馬にまたがり、備前兼光の太刀をふりかざし、精兵七百余騎を従えて景勝軍をめがけて突撃してきた。しかし従う者もわずかとなり、もうこれまでと覚悟をきめ、腹をかき切って果てた。四十二歳の壮齢であったという。景勝は重家討伐に七年を要したのである。十一月二十二日、秀吉は景勝の新発田攻略を祝し、兼続に朱印状を与えた。

佐渡平定

天正十六（一五八八）年五月八日、景勝と兼続は聚楽第《じゅらくのてい》（京都市）で豊臣秀吉に謁見し、秀吉の九州平定を祝し、新発田重家討伐を報じた。八月十七日、兼続は従五位下に叙任され、秀吉から豊臣姓を許された。

京から帰国すると、景勝は来年、羽茂《はもち》城（佐渡市）主本間高貞を討伐することを明らかにした。佐渡は本間一族が割拠し、抗争を展開していた。その中心が南佐渡の盟主羽茂本間氏と北佐渡の盟主河原田本間氏で、景勝のたびたびの調停にも応じなかった。

天正十七年六月十二日、景勝は自ら千余艇を率い、沢根城主本間左馬助の協力で沢根に上陸し、河原田城を攻めた。城主本間佐渡守高統は、城に放火して自害したという。

ついで景勝は六月十六日、羽茂城を攻め、わずか一日で攻略した。城主本間高貞は弟の赤泊城主本間三河守高頼とともに逃亡したが捕らえられ、国府川《こうのがわ》原で斬殺されたという。四百年にわたって栄えた羽茂本間家は、ここに滅亡した。佐渡は、はじめて景勝の領国となった。

兼続は兼続支配下の与板衆（長岡市の与板城）、景勝直臣団の上田《うえだ》衆（南魚沼市の坂戸城）らを代官として佐渡各地に封じ、所領を与えた。兼続は天正十七年六月、与板衆の河村彦左衛門に佐渡の検地《けんち》を命じた。

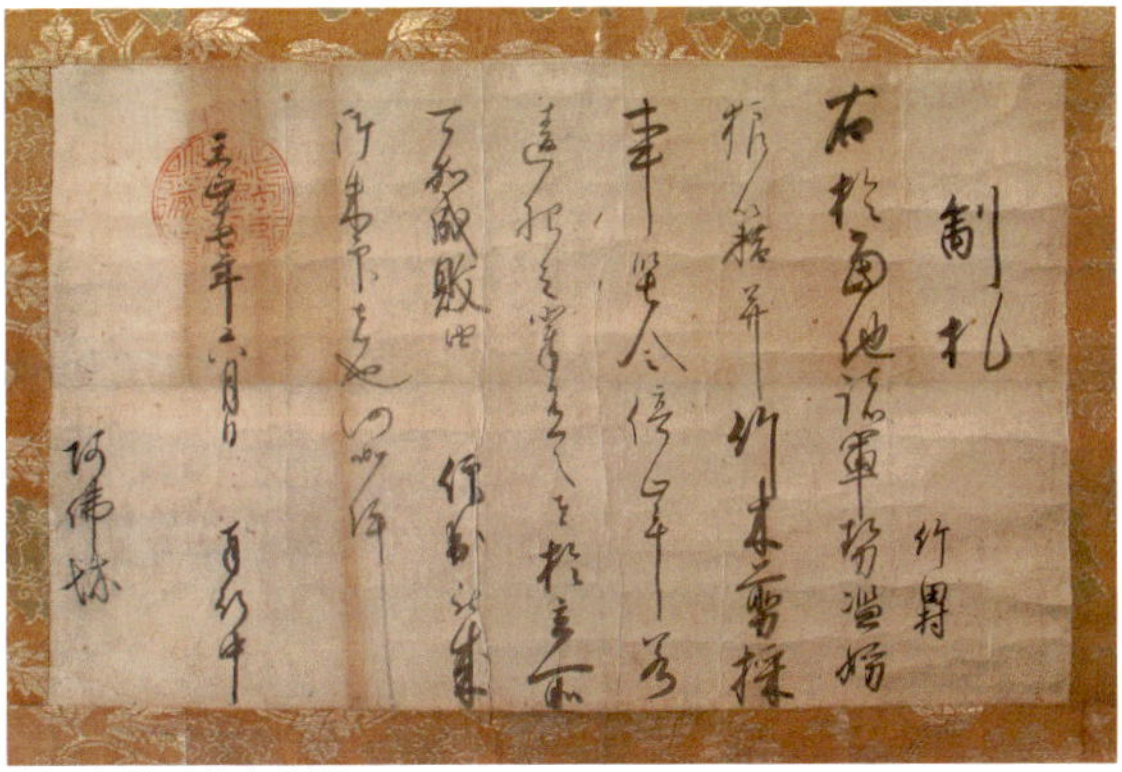
景勝制札（妙宣寺蔵）

米沢入城

慶長三（一五九八）年、景勝の会津《あいづ》（福島県会津若松市）百二十万石移封にともない、兼続は米沢《よねざわ》城（山形県米沢市）六万石に入城した。ときに三十九歳であった。豊臣秀吉の兼続に寄せる期待の大きかったことを物語っている。

秀吉は遺言状をしたため、八月十八日、六十三歳で死去した。すると徳川家康は慶長五年、兼続と親しい京都相国寺《しょうこくじ》内の豊光《ほうこう》寺の僧西笑承兌《せいしょうじょうたい》を通じて、景勝に上洛を促した。これに対して四月十四日、兼続が十六ケ条にわたって釈明したのが、世に有名な「直江状《なおえじょう》」である。兼続が家康にたたきつけた挑戦状であった。

激怒した家康は六月、景勝征伐の軍を起こした。家康の会津征伐は本気ではなく、石田三成に挙兵させるための誘導作戦だったのである。家康は下野《しもつけ》小山《おやま》（栃木県小山市）で会津征伐を評定した。これが世に有名な「小山評定《おやまひょうじょう》」である。

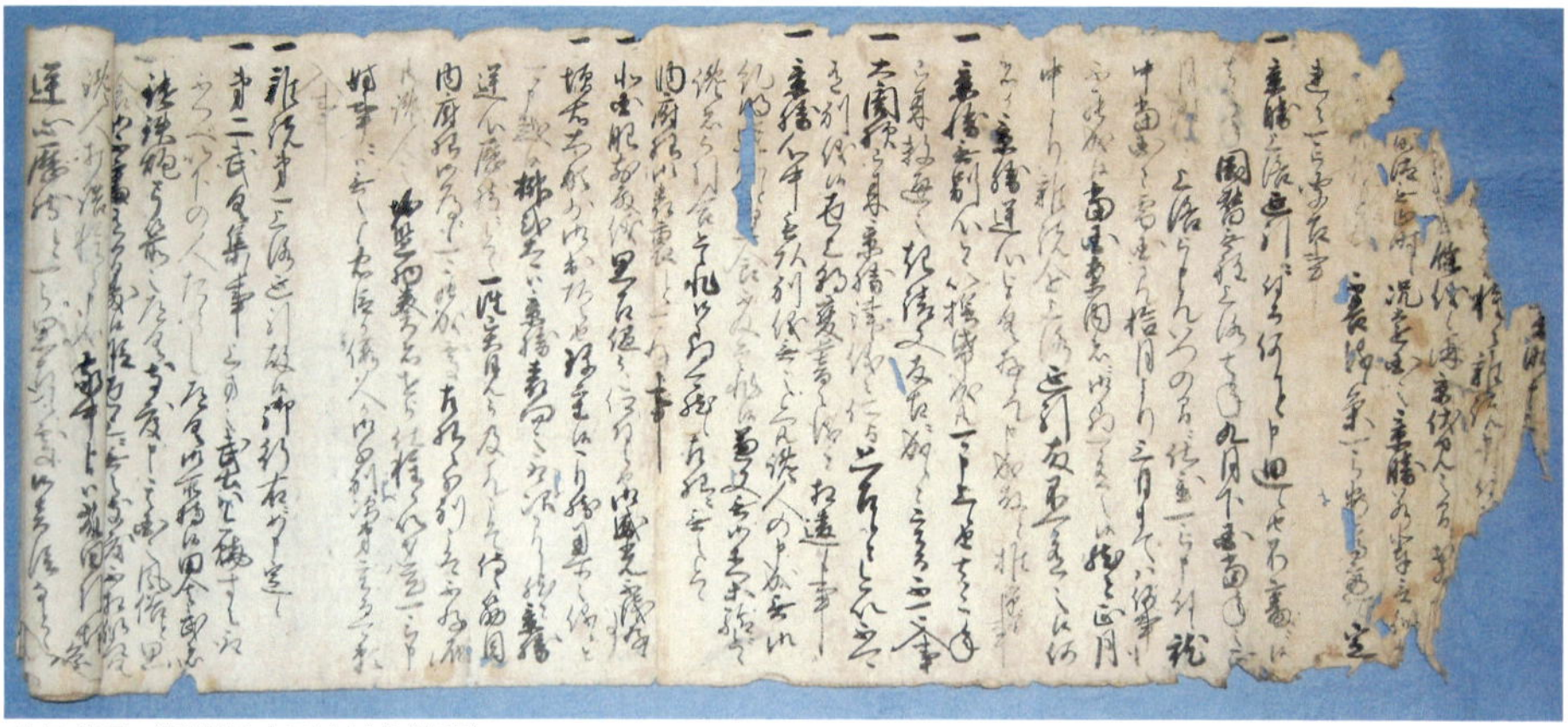

直江状写（新潟県立歴史博物館蔵）

老獪《ろうかい》な家康の作戦が図にあたり、七月二十四日の夜、三成挙兵の報が入った。家康は翌二十五日、会津への押さえとして子の結城秀康《ゆうきひでやす》を残し、全軍を西上させた。このとき兼続は家康追撃を主張した。しかし景勝は「上杉家の軍法にはない」と退けたといわれている。

九月十五日、関ヶ原の合戦で石田三成の西軍が敗北したことが会津に届いた。兼続は上杉家の安泰のため、家康の子息結城秀康を頼って謝罪した。そのため翌慶長六年八月十七日、景勝は米沢城三十万石（伊達《だて》・信夫《しのぶ》・置賜《おきたま》三郡）に減封を命じられた。このときの兼続の情勢判断・政治工作は、実に見事であった。兼続の手腕で、上杉家は米沢三十万石にとどまったのである。

兼続の死

兼続は元和五（一六一九）年十二月十九日、江戸鱗《うろこ》屋敷（東京都千代田区霞が関）で死去。六十歳。米沢の徳昌寺に埋葬。のち米沢の林泉寺に改葬、高野山清浄心院に分骨。法名英貎《えいひ》院殿達三全智《たつさんぜんち》居士。大正十三（一九二四）年二月十一日、従四位に叙任。昭和十三（一九三八）年四月十四日、県社松岬《まつがさき》神社（米沢市丸の内）に合祀された。おせんの方は寛永十四（一六三七）年一月四日死去。八十一歳。法名宝林院殿月桂貞心大姉。

直江軍軍旗（最上義光歴史館蔵）

景勝、兼続レリーフ（南魚沼市役所前）

上杉謙信が根拠地とした天下の名城

春日山城跡《かすがやまじょうあと》

上越市大字中屋敷

▼春日山城本丸跡北下に「直江山城守宅阯」と刻まれた石碑がたっている。直江山城守兼続《かねつぐ》の屋敷跡と伝えられている所である。坂戸《さかど》城下（南魚沼市）で誕生した兼続は、主君上杉景勝の近習《きんじゅう》として春日山城に移った。慶長三（一五九八）年、上杉景勝の会津（福島県会津若松市）移封に従って米沢城（山形県米沢市）に入るまで、春日山城を根拠地とした。

春日山城は別名を鉢ケ峰《はちがみね》城ともいい、標高一八〇メートルの中世の典型的な山城で、国の史跡に指定されている。上越地方を押さえる要衝に立地しているため、南北朝の動乱時代（十四世紀中頃）に築城されたと思われる。

春日山城を戦時の要害《ようがい》として堅固な構えにしたのは、守護代長尾為景《ながおためかげ》であった。春日山城が天下の名城になったのは、上杉謙信のときである。上杉景勝・堀秀治《ほりひではる》も城を普請しているが、部分的であった。

謙信は天文十七（一五四八）年、春日山城主になってから、天正六（一五七八）年に死去するまでの三十年間、春日山城を根拠地に関東・信濃・北陸へと東奔《とうほん》西走《せいそう》した。

謙信の死後、家督相続をめぐって養子の景勝と景虎とが争った。御館《おたて》の乱である。景勝は樋口兼続とこの乱を制し、豊臣大名として徳川家康・前田利家とともに五大老に列した。

慶長三（一五九八）年、上杉景勝が豊臣秀吉から会津移封を命じられ、代わって堀秀治が越前北庄《きたのしょう》城（福井市）から入った。

慶長十二（一六〇七）年、堀忠俊《ただとし》が福島城（上越市港町）に移り、廃城となった。

MAP／P122-D-1

春日山城跡

三の丸屋敷跡
(米蔵跡、三郎景虎屋敷跡などを総称して呼んだもの)

直江山城守宅阯の碑

春日山城の規模はきわめて広大で、春日山の全域に及び、面積は五〇〇㌶を超える。実城《みじょう》（本丸跡）から延びる尾根を利用して郭《くるわ》・空堀・土塁などを配している。実城西下の井戸は山城の井戸としては全国最大で、現在も水を満々とたたえている。

本丸跡から北へ下ると、毘沙門堂・お花畑・「直江山城守宅阯」の石碑が続く。一方、本丸跡から東へ下ると、二の丸跡・米蔵《こめぐら》跡・三の丸跡・「上杉三郎宅阯」の碑が続く。ここが上杉景虎の屋敷跡と伝える。

城下の大豆から中屋敷にかけて監物堀《けんもつぼり》・監物土居《どい》と呼ばれている堀や土塁が構築され、今日もその一部が残っている。ここに春日山城跡ものがたり館・春日山城史跡広場がある。

春日山神社（祭神上杉謙信）は、明治三十四（一九〇一）年、旧高田藩士小川澄晴によって創建された。

春日山城跡は近年、「日本百名城」に選ばれた。

毘沙門堂

本丸跡から米山方面を望む

本丸跡

直江屋敷跡

大井戸

御館跡《おたてあと》

謙信の跡継ぎ争い〝御館の乱〟の舞台

上越市五智一丁目

▼JR直江津駅西方一キロ、住宅地内にある。内郭の一部は、御館公園として市民の憩の場となっている。

天文二十一（一五五二）年、関東管領《かんれい》上杉憲政《のりまさ》が小田原城（神奈川県小田原市）主北条《ほうじょう》氏康《うじやす》に敗れ、上杉謙信を頼ってきた。謙信は憲政の館《やかた》として御館を造営した。弘治年間（一五五五〜五八）に竣工したと思われる。

以後、御館は上杉憲政の館であったと同時に上杉謙信の政庁として使用された。関白近衛《このえ》前嗣《さきつぐ》をはじめ、京都の文化人がここを訪れたことであろう。

天正六（一五七八）年三月十三日、謙信が死去すると、御《お》館《たて》の乱が起こった。ここに景虎が立てこもり、春日山城の景勝と戦った。翌天正七年三月十七日、景勝軍の攻撃をうけて落城した。

御館の内郭《ないかく》は東西一三五メートル、南北一五〇メートルで、周囲に土塁と堀をめぐらせていた。ここから種子島《たねがしま》の銃弾、武具、刀剣、陶磁器、べっこう製の櫛《くし》やかんざしなど、高価な遺物が出土した。これらから上杉家と京都との交渉や、当時の上杉家の優雅な生活ぶりがしのばれる。

御館の付近に上杉家の菩提寺《ぼだいじ》至徳寺《しとくじ》、足利尊氏発願《ほつがん》の安国寺《あんこくじ》、上杉謙信建立の善光寺《ぜんこうじ》、聖武天皇勅願《ちょくがん》の国分寺、越後一の宮居多《こた》神社などがあった。

MAP／P122-D-1

御館公園

史跡 御館碑

謙信が幼少時に学問を学び、義に生きることを教えた

林泉寺《りんせんじ》

上越市中門前一丁目

▼曹洞宗《そうとうしゅう》林泉寺は、上杉謙信の祖父越後守護代長尾能景《よしかげ》が、父重景《しげかげ》創建の「林泉寺」を明応六（一四九七）年に再創建して、曇英恵応禅師《どんえいえおうぜんじ》を開山として招き、開堂式をあげた。

六代天室光育のとき、謙信は七歳からこの寺で学問を学び、訓育を受けた。

また、軍団を率いて戦を繰り返す間に、七代益翁宗謙《やくおうしゅうけん》を訪れ、禅の「第一義」を悟って法を嗣ぎ、師名の一部を授けられて「謙信」と称し、僧衣を着た自画像に賛を記して納めるとともに、山門を建立寄進して、山号の「春日山」と「第一義」を揮毫《きごう》した額を掲げた。

謙信没して二十年後の慶長三（一五九八）年、景勝は会津へ移封し、代わって堀秀治《ひではる》が入国。春日山城に入ると亡父秀政《ひでまさ》の墓塔を建てて、菩提所とした。

徳川幕府はこの林泉寺を「下馬」「下乗」の札を立てる寺格を与え、歴代将軍は朱印状で特に二百二十四石を寄進。高田藩主からも境内での殺生、草木をとること、狼藉を禁じて保護した。

墓地には、開基長尾重景・能景・為景・上杉謙信、川中島戦死者供養塔、堀秀治・秀政・秀重、高田藩主松平光長の室土佐《とさ》・嫡男綱賢《つなかた》、榊原政永《まさなが》の父政岑《まさみね》・息女民《たみ》・藩主最後の政敬《まさたか》の父政賢《まさたか》の墓がある。

MAP／P122-D-1

林泉寺本堂

山門に掲げた謙信書「第一義」

謙信書「春日山」を掲げた山門

謙信公墓所、川中島戦死者供養塔入り口

上杉謙信公の墓

居多神社《こたじんじゃ》

長尾為景、上杉謙信が崇敬した越後一の宮

上越市五智六丁目

▼居多神社は大国主命《おおくにぬしのみこと》・奴奈《ぬな》川姫《がわひめ》・建御名方命《たけみなかたのみこと》（諏訪神《すわしん》）・事代主命《ことしろぬしのみこと》を御祭神とする。縁《えん》結《むす》び・子宝・安産祈願の神として信仰されている。

弘仁四（八一三）年に朝廷から従五位下を、貞観三（八六一）年には従四位下という高い神階を賜わった。醍醐《だいご》天皇によって編纂《へんさん》された『延喜式《えんぎしき》』（九二七年完成）に記載されている延喜式内社《しきないしゃ》である。

上杉謙信の父為景が天文二（一五三三）年、越後平定を祈願した。上杉謙信も永禄三（一五六〇）年、境内で殺生・山林竹木伐採・発砲を禁止するという制札《せいさつ》を掲げている。

戦国時代、守護上杉家や長尾為景・上杉謙信の崇敬をうけ、越後一の宮として信仰を集めた。

天正六（一五七八）年、上杉謙信が死去すると、養子景勝と景虎とが家督相続をめぐって争った。御館《おたて》の乱である。このとき居多神社花ヶ前家は敗けた景虎に味方したため、能登・越中へ二十年間、逃亡した。慶長三（一五九八）年、景勝の会津移封で帰国した。

平成二十年七月二十六日、新社殿を造営した。神社には親鸞聖人御詠歌、親鸞聖人筆の「日の丸の御名号」がある。境内《けいだい》には大国主命・奴奈川姫・建御名方命三神石像、親鸞聖人石像、雁田《かりた》神社、稲荷《いなり》神社、親鸞聖人越後七不思議「片葉《かたは》の葦《あし》」がある。

■MAP／P122-D-1

居多神社（写真提供：浜写真館）

居多神社入り口

景勝・兼続が普請に参加

高田城跡《たかだじょうあと》

上越市本城町

▼徳川家康の六男松平忠輝《ただてる》によって築かれた近世の典型的な平城で、県の史跡に指定されている。

慶長十九（一六一四）年三月十五日、本格的な工事が始まった。仙台城（仙台市）主伊達政宗《だてまさむね》や米沢城（米沢市）主上杉景勝ら十三人の大名が家康の命令で普請《ふしん》に参加した。とくに忠輝の舅《しゅうと》の伊達政宗は普請総裁として自ら陣頭指揮をとった。

七月には、忠輝は福島《ふくしま》城（上越市港町）を廃して、五郎八《いろは》姫とともに高田城に入った。

しかし忠輝は家康の怒りに触れ、入城わずか二年後の元和二（一六一六）年に城地を没収された。

築城計画によると、天守台を石垣として、それ意外はすべて土塁とすることに決まっていた。しかし実際は石垣を構築せず、天守閣も造らなかった。その理由は、大坂冬の陣（一六一四年）の直前で工事を急いだこと、石材が付近になく集めるのに余裕がなかったことなどであった。天守閣に代わって、本丸西南隅の三層の櫓《やぐら》が高田城のシンボルであった。

城がほぼ完成したのは、半世紀後の松平光長《みつなが》時代であった。関川《せきがわ》の流れを変え、一部をせき止めて外堀とし、青田《あおた》川・儀明《ぎみょう》川を改修して堀の役割をもたせた。外郭には武家屋敷を配し、その外側に土塁を築いて防備を固めた。

■MAP／P122-D-2

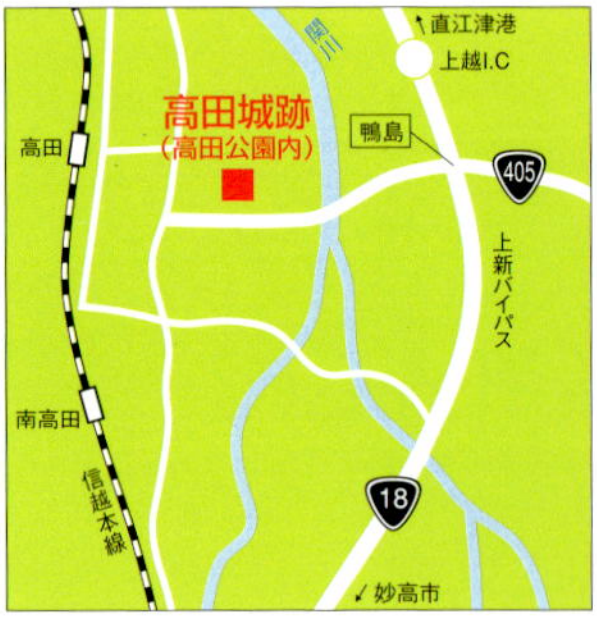

高田城三重櫓

高田公園空撮（写真提供：文化印刷株式会社）

兼続の父、樋口兼豊が城主となった

直峰城跡《のうみねじょうあと》

上越市安塚区安塚

▼直峰城は直江兼続の父樋口《ひぐち》兼《かね》豊《とよ》が天正十二（一五八四）年十一月二十四日、城主となった城である。

　春日山城の支城群の一つで、上杉謙信の領国統治上、重要な役割を果たした。謙信が関東へ出陣する際、城下を通り、三国峠を越えて関東へ出陣した。これを物語るように安塚《やすづか》神社（安塚区安塚）に謙信が奉納したと伝えられる灯籠《とうろう》がある。三日月透かし銅板に「天正三年寅三月」「上杉御用」の刻銘がある。

　天正六（一五七八）年、謙信死後の御館《おたて》の乱で上杉景勝軍の拠点として、景勝の勝利に大きな役割をはたした。慶長三（一五九八）年、景勝の会津移封で、代わって春日山城主となった堀秀治《ほりひではる》の重臣堀伊賀守光親が入城、同十五年、堀家の没落とともに廃城となった。

　直峰城跡は標高三四四メートルの中世の典型的な山城で、県の史跡に指定されている。本丸跡は広く、桜・欅《けやき》・松が繁茂している。本丸跡周辺には樹齢八百年の大欅、飲料水として使用された金明水《きんめいすい》、食料・武器を保管した蔵《くら》跡、弓の矢に使用した矢竹《やだけ》、洗剤・薬・食用となった皂莢《さいかち》の木などがある。大手道跡・百間馬場跡などがある。

賞泉寺

MAP／P122-D-2

直峰城跡遠景

本丸跡にある顕彰碑

城主であった風間信濃守の館跡

"御館の乱"に敗れた景虎の終焉の地

鮫ヶ尾城跡《さめがおじょうあと》

妙高市宮内・籠町・雪森

▼標高一八五メートルの堅固な山城で、国の史跡に指定されている。式内社《しきないしゃ》斐太《ひだ》神社、斐太遺跡（国史跡）を通って登ること三〇分ほどで着く。ハイキングコースになっている。

本丸跡に「鮫ヶ尾城碑」の石碑と休憩所がある。山頂を中心に規模の大きな曲輪・空堀《からぼり》が構築されている。本丸跡南下方の三ノ丸跡付近の井戸は直径三メートルである。

上杉謙信時代、春日山城の支城群の一城として、信濃国境警備の任をもった。

上杉謙信が天正六（一五七八）年に死去すると、御館《おたて》の乱が起こった。上杉景勝に敗れた上杉景虎は、兄の北条氏政《ほうじょううじまさ》を頼って小田原城へ逃亡の途中、ここに立ち寄った。

ところが城主堀江宗親《ほりえむねちか》の謀反《むほん》にあい、翌天正七年三月二十四日、ここで自害した。二十六歳。関東一の美男子といわれた景虎の最期《さいご》が哀れでならない。

鮫ヶ尾城跡から出土する焼け米は、この戦いで兵火にかかった米蔵のものである。近年、三ノ丸跡から鮫ヶ尾落城当時の「おにぎり」が出土した。

城主の館《やかた》は、乙吉《おとよし》集落の字《あざ》「立《たて》ノ内《うち》」にあった。乙吉の勝福寺には「上杉三郎景虎供養碑」「上杉景虎石像」がある。

■MAP／P123-C-2

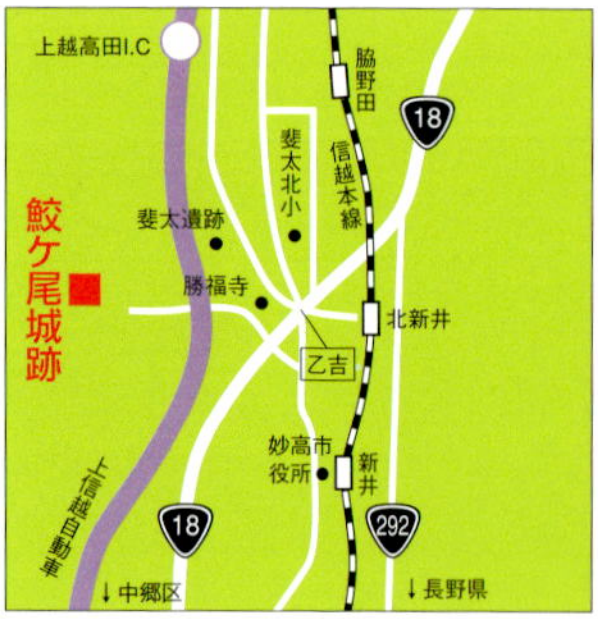

上杉景虎石像

上杉三郎景虎供養碑

（ともに勝福寺）

鮫ヶ尾城跡

鮫ヶ尾城跡碑

出土したおにぎり
（写真提供：妙高市教育委員会）

空堀

本丸跡

坂戸城跡《さかどじょうあと》

愛と義の知将兼続の生誕の地

南魚沼市坂戸

▼坂戸城跡は上杉謙信の遺領を継いで越後の大名となった上杉景勝と、景勝の家老となった直江兼続が誕生したところである。景勝の母は謙信の姉仙桃院《せんとういん》で、坂戸城主長尾政景《まさかげ》に嫁いだ。

坂戸城跡の位置する上田荘《うえだ》は、越後から三国峠《みくに》を越えて関東へ通じる街道にあり、古代から軍事上重要な根拠地となっていた。坂戸城は上田荘が一望できる要衝の地にあった。

南北朝の動乱時代、南朝方の新田一族によって築城されたと伝える。室町時代初期、守護上杉憲顕《のりあき》に従って越後に入った守護代長尾氏の一族が坂戸城を根拠地とした。

天文五（一五三六）年、守護代長尾為景《ためかげ》から守護代長尾家を相続した為景の嫡男晴景は上田荘坂戸城主長尾氏を警戒し、姉仙桃院を長尾房長《ふさなが》の嫡男政景に嫁がせた。

天文十七（一五四八）年、上杉謙信が兄晴景に代わって春日山城主になると、天文十九年、長尾房長・政景父子は謙信に背いたが、翌二十年、降伏した。

永禄七（一五六四）年、政景と琵琶島城《びわじま》（柏崎市）主宇佐美《うさみ》定満《さだみつ》が谷後《やご》の野尻池《のじり》（湯沢町）で舟遊び中、酒に酔って水泳し、溺死《できし》するという事件が起こった。この事件後、政景の子景勝は謙信の養子となった。

慶長三（一五九八）年、堀直《なお》寄《より》が入城したが、慶長十五年堀家の没落で廃城となった。

坂戸城跡は標高六三四メートルの堅固な山城で、国の史跡に指定されている。JR六日町駅前に立つと、眼前にその雄姿を仰ぐことができる。

魚野川《うおの》に架《か》かる六日町大橋

■MAP／P122-F-2

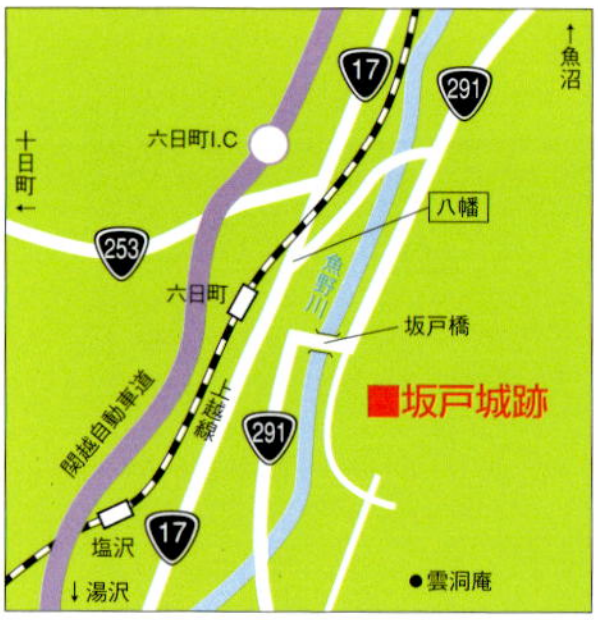

坂戸城跡遠景

居館跡にある坂戸城跡石碑

長尾政景の墓

を渡り、内堀跡・鳥坂神社わきを登ると家臣団の屋敷が、その奥に城主の御館があった。東西八〇メートル、南北一二〇メートルの長方形で、周囲に低い土塁をめぐらしている。正面には門跡と高さ二メートル、長さ八〇メートルの石垣がある。

この前に

「史跡坂戸城跡」

「上杉景勝 直江兼続 生誕之地」の石碑がある。

御館跡から一本杉、上屋敷（桃の木平）を経て大手の道を登ると、実城《みじょう》（本丸跡）に至る。ここに富士権現社がまつられている。

長尾政景夫妻画像は米沢市の常慶院《じょうけい》に、政景の墓は坂戸城下の龍言寺跡に、宇佐美定満の墓は雲洞庵《うんとうあん》に、景勝・兼続主従のレリーフは南魚沼市役所前にある。

内堀跡

坂戸城絵図（鈴木牧之記念館所蔵）

生誕之地の石碑

本丸跡にある富士権現

本丸跡から市街地を望む

居館跡の石垣

雲洞庵《うんとうあん》

幼少時の景勝と兼続の学び舎。宝物殿には武将の古文書が並ぶ

南魚沼市雲洞

▼曹洞宗金城山雲洞庵は上杉景勝と直江兼続が少年時代、学んだ寺である。寺には天正十四（一五八六）年九月十一日の直江兼続禁制が所蔵されている。

慈光寺（五泉市）の末寺で、越後における曹洞禅の四大道場の一つであった。応永二十七（一四二〇）年、関東管領で上野守護の上杉憲実《のりざね》が雲洞庵を再興し、永享元（一四二九）年、慈光寺の顕窓禅師を招いて開山とした。開基となった上杉憲実は越後守護上杉房方の三男で、関東管領上杉憲基の養嗣子となった。寺名雲洞庵によって法名を雲洞庵高岩長棟と号した。

以後、上杉家の菩提寺として崇敬をうけ、香華所になったという。特に上杉景勝と雲洞庵十三世通天存達《つうてんそんたつ》とは叔姪《しゅくてつ》（叔父と甥）の関係にあった。慶長三（一五九八）年、上杉景勝の会津移封で衰微したが、坂戸《さかど》城主堀直寄《なおより》、高田藩主松平光長などの保護をうけた。

本堂は宝永四（一七〇七）年に再建された。本堂正面には、順徳上皇宸筆《しんぴつ》の「祈禱」の扁額がかかっている。

赤門（山門）から本堂までの石畳の下に法華経が刻まれた一石一字の石がある。このことから、お参りをすると御利益があるといわれ、「雲洞庵の土踏んだか」といわれるようになった。

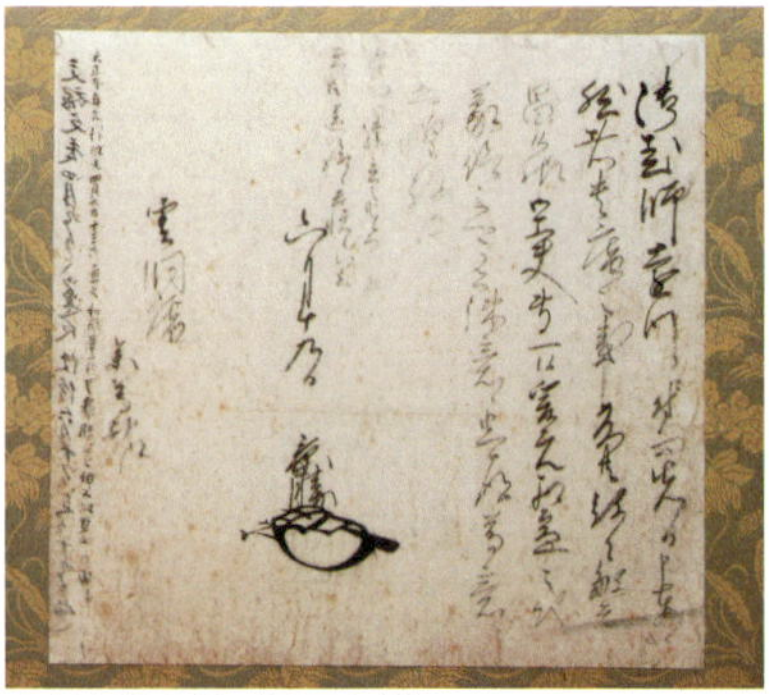

上杉景勝書状（雲洞庵蔵）

■MAP／P122-F-2

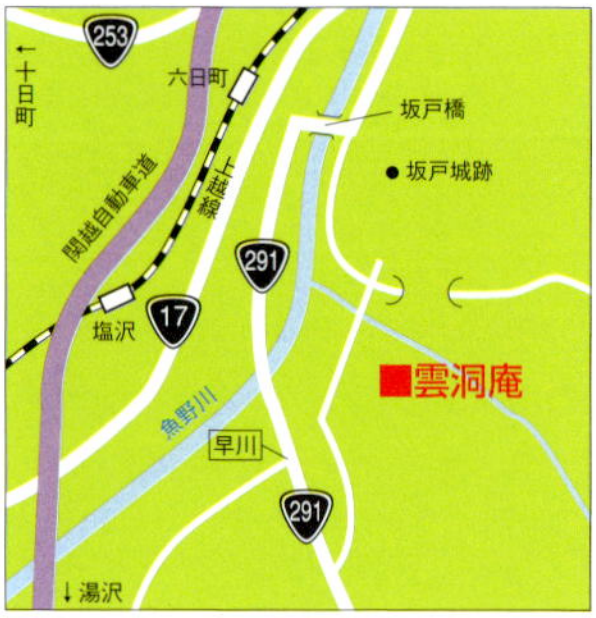

雲洞庵山門

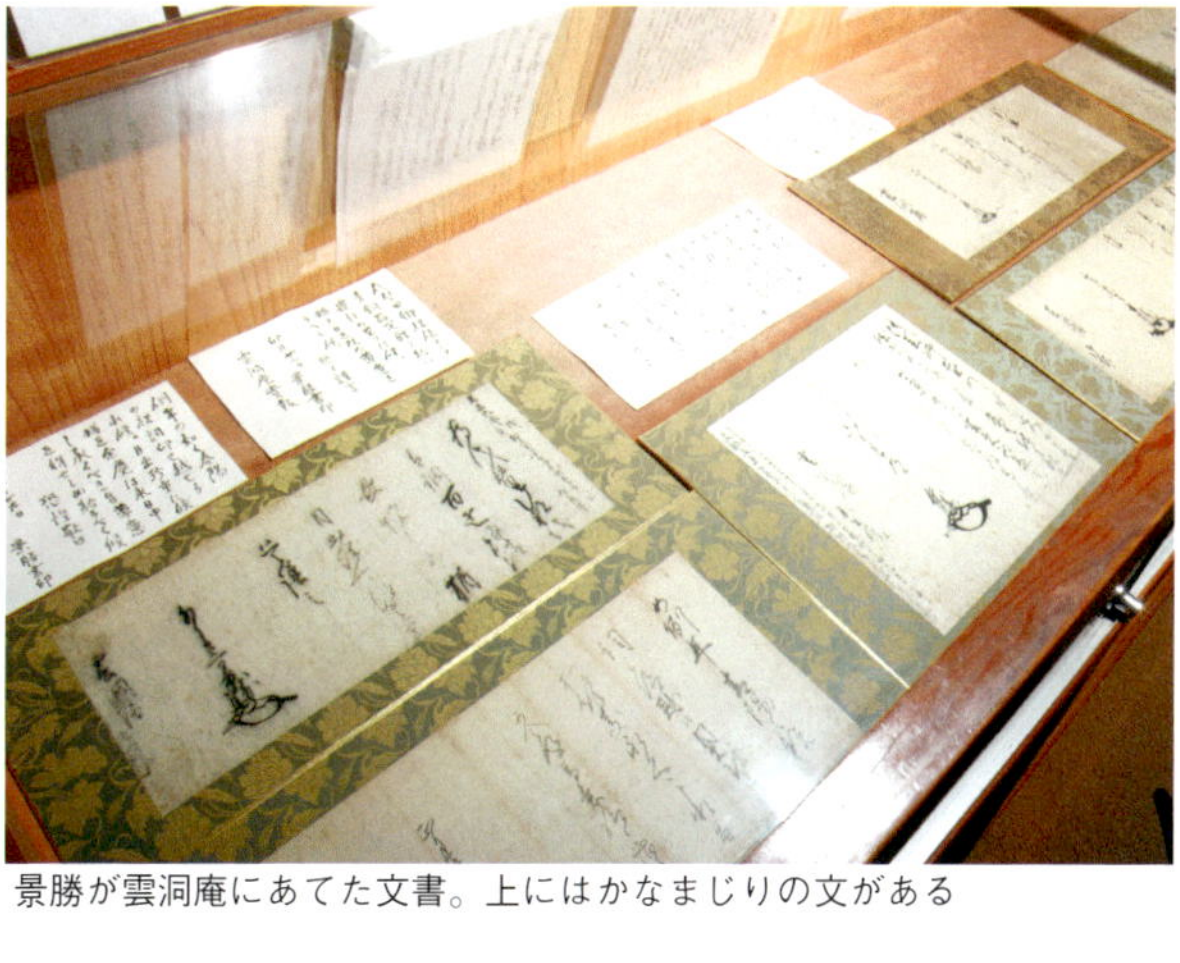
景勝が雲洞庵にあてた文書。上にはかなまじりの文がある

仙桃院が息子景勝の武運を祈り菩薩を奉納

龍澤寺《りゅうたくじ》

"御館の乱"景虎側の前線基地

樺沢城跡《かばさわじょうあと》

南魚沼市樺野沢

▼龍澤寺《りゅうたく》は樺沢城跡入り口、南魚沼市樺野沢にある臨済宗円覚寺派の寺である。

応永二十七（一四二〇）年に創建されたという。本尊は「三人寄れば文殊《もんじゅ》の知恵《ちえ》」で有名な文殊菩薩《ぼさつ》である。上杉謙信の姉仙桃院がわが子景勝の武運長久を祈願して新たに奉納した「文殊菩薩像」（あやの文殊）がある。境内に「上杉景勝公生誕之地」の石碑がたっている。

▼樺沢城は別名を樺野沢城・樺潟城ともいい、標高三〇〇メートルの丘陵上に築かれた山城で、県の史跡に指定されている。

上杉謙信時代、坂戸《さかど》城主長尾政景の家臣栗林政頼が城を守っていた。天正六（一五七八）年、御館《おたて》の乱が起こると、小田原城主北条氏政《ほうじょううじまさ》は弟景虎を救援するため、氏照、氏邦を越後へ送った。関東軍は九月、越後に入り、この城を攻略して前線基地としたが、翌年三月、上杉景勝軍の攻撃によって景勝軍がこの城を奪還し、慶長年間会津へ移封とともに廃城となった。また、城の登り口には上杉・北条両軍戦死兵士の追悼碑がたっている。

本丸跡の周囲に鉢巻《はちまき》状石垣の一部が残っている。城跡の中腹から下方にかけ、鉢巻状に土塁と空堀が構築されている。北条氏がここを占拠した際、補強したのであろう。

城主の館は樺沢城の東麓、集落より一段高い段丘上にあった。現在、上越線が館跡の中央部分を走っているので、遺構は何も残っていないが城下町をしのばせる石碑が方々に建立点在している。

MAP／P122-E-2

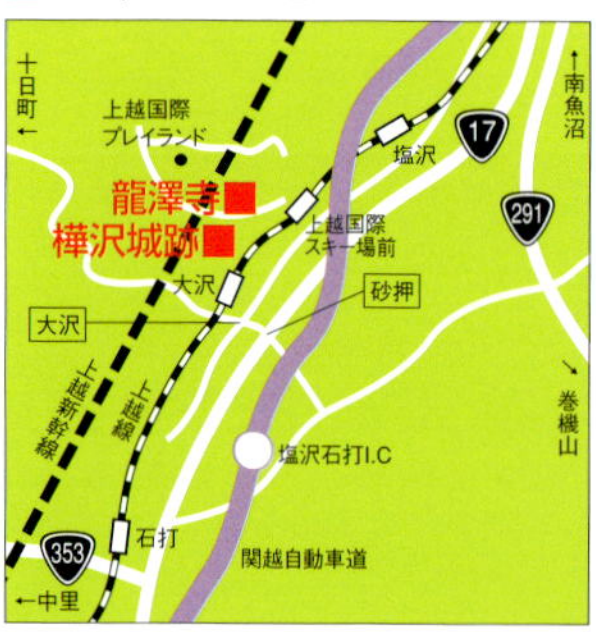

景勝公生誕之地碑（龍澤寺）

文殊菩薩（龍澤寺）

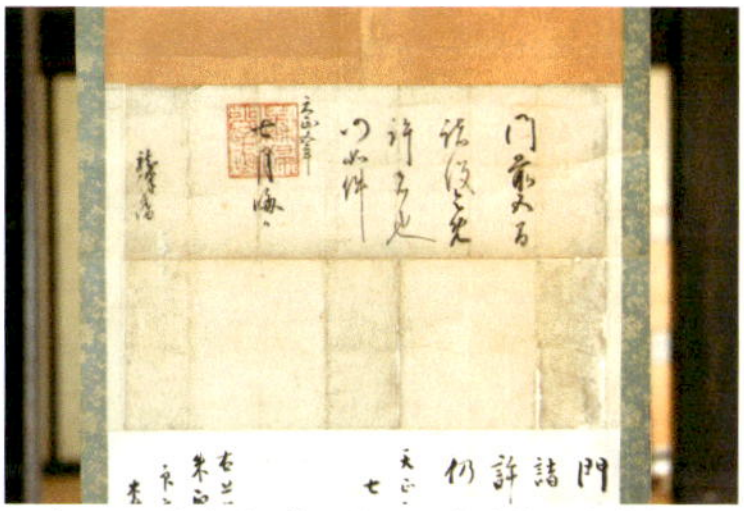
謙信公の朱印状「門前五軒」（龍澤寺蔵）

龍澤寺 本堂

本丸跡の石碑

本丸跡から上田荘を望む

越後一揆によって落城

下倉山城跡《したぐらやまじょうあと》

魚沼市下倉

▼魚野《うおの》川と破間《あぶるま》川との合流地点の北岸に位置する標高二一五メートルの堅固な山城で、県の史跡に指定されている。

下倉集落から登る道が、大手道である。急な山道を登りきると、井戸のある郭《くるわ》に至る。井戸は直径一メートル、深さ二・五メートル、現在も使用できるほど澄んだ水がわきでている。

さらに五社権現跡などの郭を数段上ると、本丸跡に至る。ここにも直径三メートルの竪井戸がある。本丸跡の上が見張り台で、その一角に狼煙《のろし》台跡がある。

坂戸城（南魚沼市）主長尾氏が越後平野への出口の守備として築城したのであろう。天文二（一五三三）年、守護上杉定実《さだざね》の一族上条定憲《じょうじょうさだのり》が守護代長尾為景《ためかげ》打倒の兵を挙げた際、福王《ふくおう》寺《じ》孝重《たかしげ》は為景方として、この城を守っていた。天文四年五月、孝重は坂戸城主長尾房長に城を包囲されながらも守り、為景の勝利に大きな役割を果たした。

慶長三（一五九八）年、上杉景勝に代わって春日山城主となった堀秀治は、下倉山城に小倉主膳正を配した。ところが同年八月一日、景勝・直江兼続が豊臣方の石田三成と連携し、徳川家康方となった堀秀治を滅ぼそうと、越後に侵入した。越後一揆、または上杉遺民一揆という。城主小倉主膳正は一揆の攻撃をうけて戦死し、落城した。翌二日、坂戸城主堀直奇《なおより》は一揆軍から下倉山城を奪還。関ヶ原の敗戦で、一揆は堀秀治によって鎮圧された。

MAP／P122-F-2

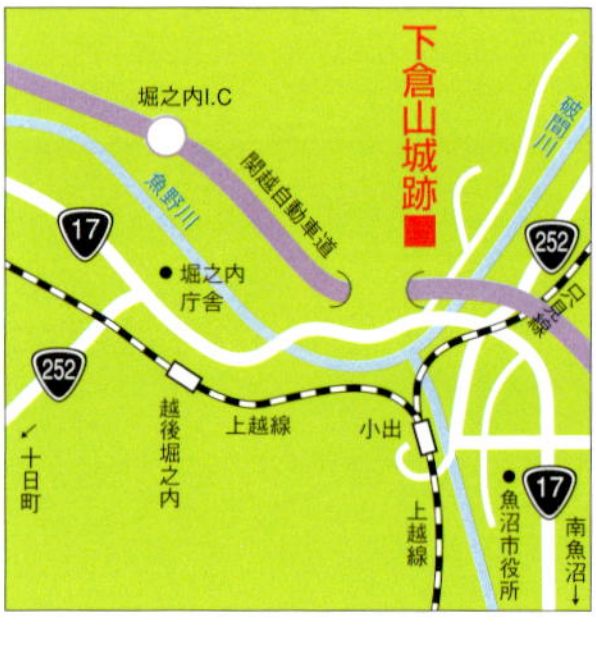

下倉山城跡

魚野川を望む

麓にある下倉山城跡石碑

直江実綱（景綱）・信綱・兼続三代の居城

与板城跡《よいたじょうあと》

長岡市与板町与板

▼与板城跡は上杉景勝の家老直江山城守兼続の居城である。
　標高一〇四メートルの山城で、県の史跡に指定されている。山麓の八坂《やさか》神社から本丸跡まで遊歩道が整備されている。中腹に「おせん清水」があるが、中越大地震後、渇水している。直江兼続の妻おせんの方の名前をつけたものである。

　本丸跡には城山稲荷神社、直江兼続自筆書状「所望事信一字　慶長二年二月六日　直江山城守兼続（花押）」を刻んだ石碑、海音寺潮五郎氏筆「直江山城守旧城址本丸　海音寺潮五郎書」石碑、「直江山城守三百年記念」の石碑がたっている。

　規模の大きな郭・空堀・土塁など、戦国期の遺構が見られる。本丸跡から北に下る道が大手道で、山麓西の谷に城主の館があったという。館の御廊《ごろう》、備後の小路、矢の小路、竹の小路などの地名が城下町のなごりをとどめている。

　戦国時代、与板を統治した直

与板城跡入り口

本丸跡

MAP／P122-F-1

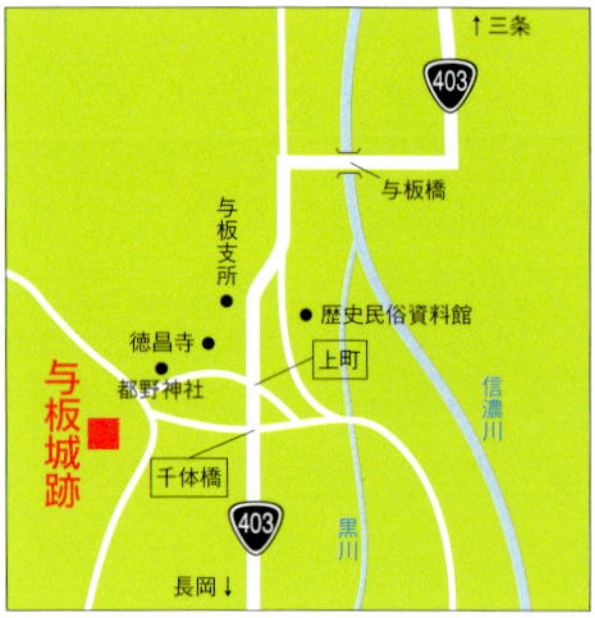

与板歴史民俗資料館前の兼続像（茂木弘次作）

江家三代実綱（景綱）・信綱・兼続は上杉家の重臣として活躍した。特に実綱は長尾為景・長尾晴景・上杉謙信の三代に仕えた。謙信政権のもとでは行政機構の中枢を担い、奉行人として活躍した。

　実綱（景綱）に嫡男がいなかったので、娘のおせんの方に上野国総社（群馬県前橋市）長尾顕景の子景孝を迎えた。信綱である。ところが天正九（一五八一）年九月一日、春日山城中で御館の乱の論功行賞のもつれから毛利秀広に殺された。

　上杉景勝は直江家の断絶を惜しみ、樋口兼豊の子与六兼続に直江家を継がせた。ときに兼続二十二歳、おせんの方二十五歳であった。

　兼続は永禄三（一五六〇）年、坂戸城（南魚沼市）主長尾政景の家臣樋口兼豊の長男として誕生した。

　学問を好み、文化人と交わり、手工業・鉄砲鋳造・農業などに力を入れ、富国強兵に努めた。豊臣秀吉は「天下の政治を安心して預けられるのは、小早川隆景と直江兼続など数人にすぎない」と公言したと伝えられている。徳川家康でさえ、一目置いていたという。

　慶長三（一五九八）年、上杉景勝の会津移封の際、兼続も同行して米沢城に入ったため、与板城は廃城となった。

　直江兼続公銅像は与板歴史民俗資料館（長岡市与板町与板）前にある。

与板城跡 案内図

本丸から曲輪を望む

城跡から市街地を望む

おせん清水案内板

本丸跡にたつ石碑

与板城跡遠景

徳昌寺《とくしょうじ》

与板城下にある直江家の菩提寺

長岡市与板町与板

▼曹洞宗香積山徳昌寺は文明十一（一四七九）年、直江大和守（戒名昌山一徳）によって建立され、直江家の菩提寺となった。開山は僧耕陰道夫である。直江親綱、実綱（景綱）、信綱、兼続の保護をうけた。

　慶長三（一五九八）年、上杉景勝の会津移封の際、与板城主直江兼続に従って米沢に移り、徳寺町（現在の米沢市徳町）に寺を建立、寺領百三十石を賜った。

　寛永十四（一六三七）年、徳昌寺と藩主上杉家奥方の菩提寺林泉寺とが禄所争いを起こした。徳昌寺は寺領を没収され、直江兼続夫妻の墓などは林泉寺（米沢市林泉寺一丁目二番三号）に、直江家の霊牌は真福寺（米沢市東寺町）に移された。ところが直江家の霊牌は正保二（一六四五）年、東源寺（米沢市中央五丁目二番三一号）に移され、今日に至っている。

　与板に残った徳昌寺は元禄十五（一七〇二）年に現在地に移った。文政十一（一八二八）年、有栖川宮家の祈願所となった。境内には、良寛の無縁供養歌碑「恭聴於香積精舎行無縁供養遥有此作」がある。

■MAP／P122-F-1

徳昌寺

兼続が与板城主だったときに
祈願所としたといわれる

都野《つの》神社《じんじゃ》

長岡市与板町与板

直江兼続が与板城主だった折、九州・宇佐八幡宮から祭神の応神天皇と神功皇后を勧請し、祈願所としたといわれる。

祭神は筑紫《つくし》宗像姫《むなかたひめ》三柱《みはしら》大神《おほかみ》、すなわち田心姫《たごりひめ》神・湍津姫《たぎつひめ》神・市杵島姫《いちきしまひめ》神で、合殿に誉田別《ほんだわけ》尊（応神天皇）・息長足姫《おきながたらしひめ》（神功皇后）を祀る。津の里明神、八幡宮とも称した。

都野神社

栃尾城跡《とちおじょうあと》

十五歳の謙信が華々しい初陣を飾った

長岡市栃尾大野

▼天正六（一五七八）年の御館《おたて》の乱の際、城主本庄秀綱《ほんじょうひでつな》は上杉景虎に味方し、三条城《さんじょう》（三条市）主神余親綱《かなまりちかつな》らと上杉景勝に抵抗した。天正八年四月、景勝軍の猛攻撃を受けて落城した。以後、景勝の臣宮島三河守将監・清水蔵之助などが城代をつとめた。

栃尾城は別名を舞鶴城・大野城ともいい、険しい山陵と深い谷を巧みに利用して築かれた標高二二七メートルの堅固な山城で、県の史跡に指定されている。

本丸跡裏側には、野面積《のづらづみ》石垣が鉢巻《はちまき》状にめぐらされている。狼煙台《のろしだい》・千人溜《せんにんだまり》・馬場《ばば》・馬つなぎ場・井戸など、戦国末期の遺構が残り、貴重な遺跡である。

南北朝の動乱時代、下野《しもつけ》の武将芳賀禅可《はがぜんか》が足利尊氏の命令で、一時、ここに立てこもったと伝える。室町時代、古志《こし》長尾氏の家臣が交代で在番した。

天文十二（一五四三）年、十四歳の上杉謙信は兄晴景を助けるため、敵の群《むら》がる栃尾城に入った。雪が消えると、近隣の豪族たちが謙信を若輩とあなどり、方々から攻撃をしかけてきた。十五歳の謙信は城代本庄実《さね》乃《より》らの補佐で、見事に敵を撃退し、初陣《ういじん》を飾った。こうして天文十七（一五四八）年十二月三十日、十九歳の謙信は栃尾城から春日山城に入り、守護代長尾家を相続した。

城下の栃尾市美術館前と秋葉公園に上杉謙信公像がある。

狼煙台詰郭

■MAP／P122-F-1

栃尾城跡遠景

謙信公銅像

栃尾城跡本丸

兼続の弟大国実頼が城主となった

天神山城跡《てんじんざんじょうあと》

新潟市西蒲区岩室温泉

▼天神山城は直江兼続の弟大国実頼の居城であった。実頼は樋口兼豊の二男として永禄五（一五六二）年に誕生した。天正十（一五八二）年、小国《おぐに》重頼の養子となり、小国家を相続し、天神山城主となる。天正十五年、君命によって大国と改めた。慶長三（一五九八）年、上杉景勝の会津移封に従って鳴山《しぎやま》城（福島県南会津町）に移るまで、ここを根拠地とした。

天神山城跡は岩室温泉背後の標高二三四メートルの天神山にある堅固な山城である。丸小山公園の登り口から約四〇分である。

南北に走る尾根の頂上に実城《みじょう》（本丸）を、その両脇に曲輪《くるわ》・土塁・空堀・畝形《うねがた》阻《そ》塞《さい》を構築した。本丸跡に「天神山城　本丸跡」と、通称「武者溜り」と呼称されている平坦地に「天神山城址」と刻まれた石碑がたつ。

武者溜りの脇にある池（幅九メートル、長さ二八メートル）の瓢箪池《ひょうたんいけ》は、水源として利用されたのであろう。池の南側に高い土塁があり、その外側に野面積《のづらづみ》石垣が構築されている。

天正六（一五七八）年の御館の乱の際、上杉景勝方の拠点であったため、上杉景虎方の攻撃をうけて苦戦したが、景勝の援軍到着で窮地を脱した。

MAP／P125-A-2

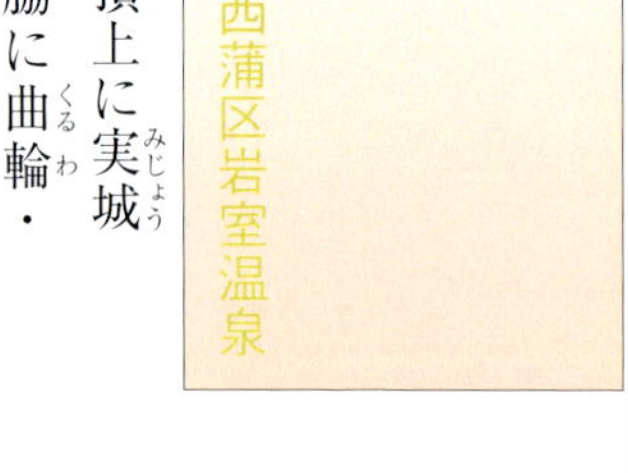

天神山城跡遠景

武者溜りにたつ天神山城址碑

本丸跡にある石碑

武者溜り手前の瓢箪池

新発田城《しばたじょう》

信長と手を組み景勝と対立した新発田重家の居城

新発田市大手町

▼直江兼続は天正十五（一五八七）年、上杉景勝に従って出陣し、新発田城主新発田《しばた》重家《しげいえ》を討伐した。重家時代の新発田城本丸跡は、近世の新発田城二の丸の「古丸《ふるまる》」と称された所であったという。

　天正九（一五八一）年、新発田重家は織田信長に内通し、上杉景勝に背いた。天正六年の御館の乱の際に大活躍したにもかかわらず、何の恩賞もなかった。そんなとき、織田信長の勧誘があった。重家は信長の支援をうけ、破竹の勢いで新潟と沼垂《ぬったり》（新潟市）を占領し、戦線を拡大した。

　ところが翌天正十年六月二日、信長が京都本能寺で討ち死にすると、戦況が一変した。景勝は積極的に新発田城攻撃を展開した。豊臣秀吉も重家にしばしば降伏を勧告したが、無駄であった。

　天正十五年八月、景勝は短期決戦でのぞみ、大軍を新発田へ進めた。直江兼続も従った。重家方の加地《かじ》城・赤谷《あかだに》城・五十公《いじみ》野《の》城（新発田市）をつぎつぎと攻略した。最後に新発田城に迫り、十月二十五日、攻略した。重家は自ら馬にまたがり、七百余騎を従えて景勝軍をめがけて突撃した。しかし従う者もわずかとなり、もうこれまでと覚悟を決めて腹をかき切って果てた。四十二歳であったという。新発田重家の画像・墓は福勝寺（新発田市中央二丁目）にある。

　慶長三（一五九八）年、加賀大聖寺《だいしょうじ》城（石川県加賀市）から新発田の地に入った溝口《みぞくち》秀勝は新発田重家の居城跡に新しく築城した。現在、国の重要文化財

MAP／P125-C-2

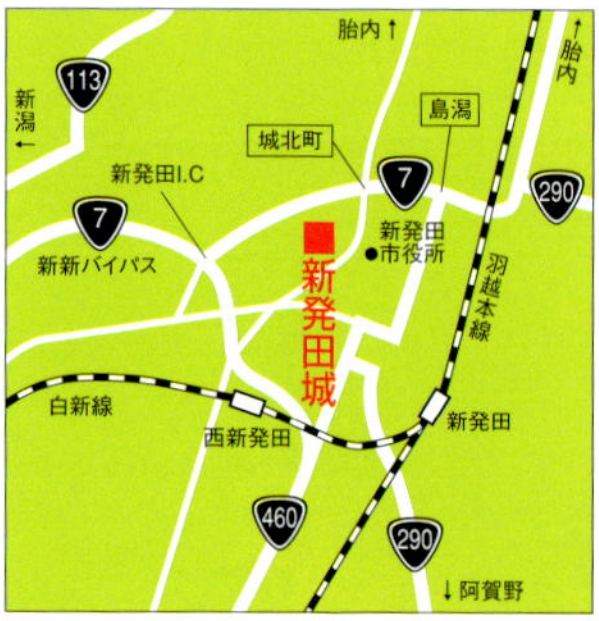

新発田城三階櫓

に指定されている本丸表門と隅櫓、市指定史跡の石垣がわずかに新発田藩十万石の盛時を物語るにすぎない。近年、三階櫓・辰巳櫓が復元された。

新発田城には、幕府に配慮し、天守という名称を用いなかったため、本丸にあった三階櫓が実質上の天守であった。石垣も現在残っている本丸西南部分だけで、他はすべて土塁であったという。本丸の周囲に二の丸と、その南に三の丸を配した梯郭式《ていかくしき》平城であった。建造物は寛文八（一六六八）年と享保四（一七一九）年の二度の火災で焼失した。のち、再建されたが、廃藩置県《はいはんちけん》後、本丸表門と隅櫓以外はすべて取り壊されてしまった。現在、本丸跡は陸上自衛隊の駐屯基地となっている。

新発田藩関係では大栄町七丁目の藩主の別邸清水園（国名勝）、諏訪町三丁目の足軽長屋（国重要文化財建造物）、五十公野《いじみの》の藩主別邸五十公野御茶屋（国名勝）がある。

新発田重家公像（福勝寺）

新発田重家の墓（福勝寺）

新発田城表門

新発田城旧二の丸隅櫓

若くして命を絶った中條景泰が城主

鳥坂城跡《とっさかじょうあと》

胎内市羽黒

▼鳥坂城主中條景泰《なかじょうかげやす》は上杉景勝・直江兼続の命で魚津城（富山県魚津市）を守備していたが織田信長軍の攻撃をうけ、天正十（一五八二）年六月三日、越後武将とともに自害した。二十五歳であった。景泰の跡、長子三盛《みつもり》が五歳で家督を相続した。

鳥坂城は別名を白鳥城・鶏冠城ともいい、標高二九六メートルの白鳥山に築かれた要害堅固な山城で、国の史跡に指定されている。東西に長い尾根に六条の空堀《からぼり》と階段状の郭《くるわ》、土塁を構築し、防備を固めた。眼下に胎内《たいない》市・胎内川・日本海・江上《えがみ》館《やかた》などが眺望できる。

平安時代末期、下越地方を根拠地に越後を支配した城《じょう》氏の居城である。建仁元（一二〇一）年、城資盛《すけもり》は叔母の坂額《はんがく》（板額とも）と鳥坂城で挙兵したが、御家人《ごけにん》佐々木盛綱に敗れた。

城氏滅亡後、鎌倉幕府侍《さむらい》所《どころ》別当《べっとう》和田義盛の弟義茂が奥山《おくやま》荘を領し、中條《なかじょう》氏を称した。中條藤資は上杉謙信股肱《ここう》の臣で、永禄四（一五六一）年の第四回川中島の合戦の際、謙信から「血染《ちぞ》めの感状《かんじょう》」を賜った。

中條氏は平素、鳥坂城の西方約四キロの江上《えがみ》館を居館としたが、戦国期には鳥坂山麓《さんろく》に居館を移している。主郭は六〇メートル四方で、周囲には高さ二・五メートルの土塁が巻かれていた。発掘の結果、建築遺構、井戸などが確認された。館跡は復元され、公開されている。ここに奥山荘歴史館がある。奥山荘の歴史及び江上館の出土遺物を展示している。

MAP／P125-C-2

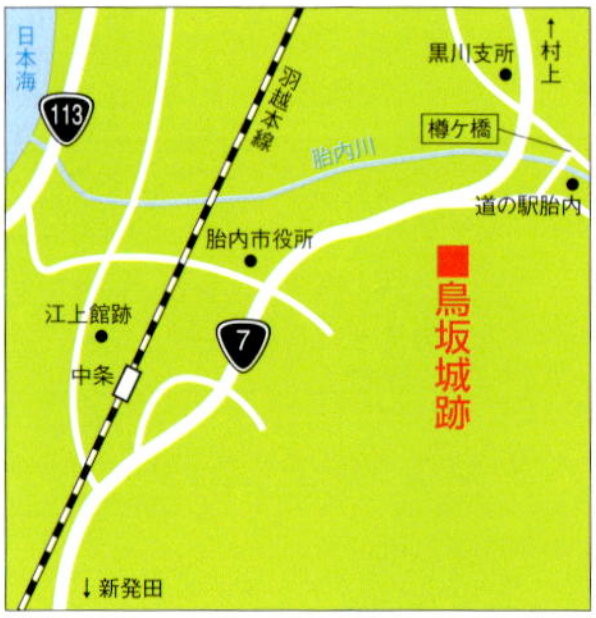

鳥坂城跡遠景

江上館にある「江上館跡復元模型」

鳥坂城跡段切り

江上館空撮（写真提供：胎内市教育委員会）

奥山荘歴史館
（写真提供：胎内市教育委員会）

村上城跡《むらかみじょうあと》

城主本庄繁長は御館の乱、新発田重家征伐で活躍

村上市本町臥牛山

▼村上《むらかみ》城主本庄繁長《ほんじょうしげなが》の子与次郎長房が文禄二（一五九三）年、直江兼続の養子となったが、しばらくして帰家した。

村上城は別名を本庄《ほんじょう》城・舞《まい》鶴《づる》城ともいい、標高一三五メートルの堅固な平山城で、国の史跡に指定されている。

永禄十一（一五六八）年、本庄繁長は武田信玄に内通し、上杉謙信に背いたが、信玄の救援がなく、翌十二年三月に降伏した。繁長は天正六（一五七八）年の御館《おたて》の乱、天正九年から十五年にかけての新発田重家《しばたしげいえ》征伐に上杉景勝方として戦功をあげた。

慶長三（一五九八）年、上杉景勝の会津移封で、福島城（福島市）一万一千石に移った。

本丸跡には天守櫓跡、門跡、「舞鶴城趾」と刻まれた石碑などがある。三百有余年の風雪に耐えたといわれる苔むした高石垣はひときわ美しく、当時の石工技術の高さがうかがえる。三層の天守櫓は寛文七（一六六七）年の落雷で焼失し、以後、再建されなかった。本丸跡下方には御鐘門跡・玉櫓跡・四ツ門跡などがある。桜・紅葉の時季は特に美しい。

城主の館は西麓にあった。防備を目的とした曲《まが》り角《かど》の多い道、T字型道路など、城下町の面影が、市内のいたるところに残っている。

御鐘門跡

MAP／P124-D-1

村上城跡遠景と三面川

本丸の石垣

七曲り道登山口にたつ村上城跡の碑

佐渡平定における最後の城

羽茂城跡《はもちじょうあと》

佐渡市羽茂本郷

▼天正十七（一五八九）年六月十二日、上杉景勝は佐渡平定のため沢根《さわね》に上陸して翌十三日に河原田《かわはらだ》城を、十六日には羽茂城を攻略した。城主本間高貞は捕らえられ、国府川《こうのがわ》原で斬殺されたという。四百年にわたって栄えた羽茂本間氏は滅亡した。

　羽茂城跡は羽茂川下流左岸に位置する標高八二《メートル》の山城で、県の史跡に指定されている。戦国時代、南佐渡一帯の盟主として活躍した羽茂本間氏の居城である。本間氏は村上天皇の皇子為平親王の子孫能久を祖とする。佐渡守護代となり、以後、一族庶子を島内各地に配して勢力を固めた。羽茂本間氏は雑太《さわだ》本間惣領家から分かれ、重成（惟忠とする説もある）を祖とする。

　羽茂本郷集落東側の舌状台地に構築された大規模な山城で、戦国時代の形態をよく残している。複雑な地形を巧みに利用し、大普請を加えた堅固な構えがしのばれる。山頂部に殿屋敷を配し、ここの東北隅に五社城、西北隅に荒神城・北の城、南に南の城・奥方屋敷、西に厩・馬場などの郭や大手門跡などがある。殿屋敷と奥方屋敷は戦国末期における城主本間氏の館跡である。

五社城跡にたつ羽茂城跡の碑

MAP／P125-A-1

羽茂城跡遠景

羽茂城跡入り口

大門跡

羽茂城跡から市街地を望む

県で唯一の五重塔が建つ

妙宣寺《みょうせんじ》

佐渡市阿仏坊

▼妙宣寺は日蓮宗の本山で、蓮華王山妙宣寺という。日蓮が文永八（一二七一）年十月、佐渡に流罪となったおり、毎夜配処に食物を運んだ阿仏房《あぶつぼう》日得とその妻千日尼《せんにちに》が建立したと伝えられている。

阿仏房は北面《ほくめん》の武士で順徳《じゅんとく》上皇に従って佐渡に渡った遠藤為《ため》盛《もり》とその妻だったとする説があるが、そうではなく、佐渡の名《みょう》主《しゅ》（有力農民）であったらしい。

妙宣寺は国中《くになか》平野を見わたせる台地上にある。室町時代の武士の館跡に建てられたもので、周囲には土塁や空堀があったと思われる。

戦国時代、佐渡は本間一族が割拠し、抗争を展開していた。上杉景勝は天正十七（一五八九）年六月、直江兼続らを率いて佐渡に渡り、六月十六日、本間高貞の羽茂《はもち》城（羽茂本郷）を攻略し、佐渡を平定した。このとき雑太《さわだ》城（竹田）主本間信濃守憲泰は景勝に味方し、のち、越後に移った。

妙宣寺には天正十七年六月日付の上杉景勝制札《せいさつ》「諸軍勢濫妨《（乱暴）》狼籍《（藉）》、並に竹木剪《（伐）》採を堅く禁止する」と、同年六月二十九日付の直江兼続寺領安堵《あんど》状「寺内は前々の如く、諸式相違有るべからず」と、兼続奉納と伝えられる槍の穂先が所蔵されている。

他にも日野資朝《ひのすけとも》筆細字法華経、日蓮聖人直筆書状（国重要文化財）を蔵する。

五重塔は文政八（一八二五）年三月十三日小屋入と棟札に記してある。高さが二四・一一《メートル》あり、国の重要文化財に指定されている。新潟県内唯一の五重塔である。

MAP／P125-A-1

妙宣寺五重塔

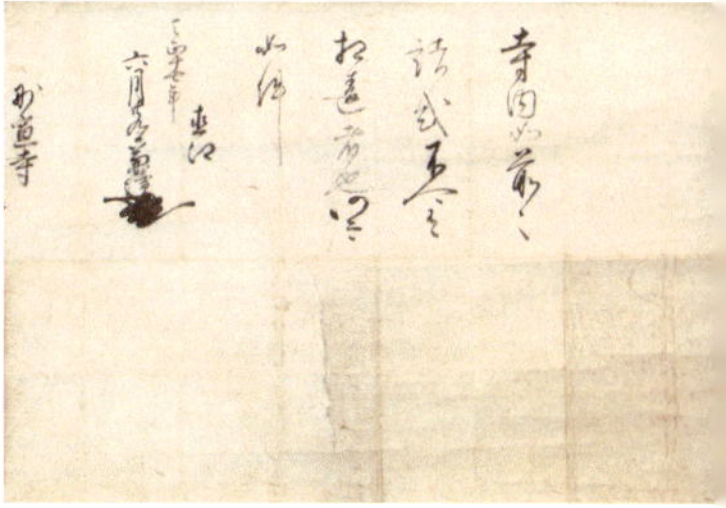

兼続の書状（妙宣寺蔵）

兼続が奉納したとされる槍（妙宣寺蔵）

妙宣寺本堂

山形城跡《やまがたじょうあと》

最上領に攻め入った兼続が目指した最上義光の居城

山形県山形市霞城町

▼山形城は延文元（正平十一年、一三五六）年、清和源氏の子孫斯波《しば》兼頼が最上郡に入部し、この地に築城したと伝える。別名を霞が城ともいう。国の史跡となっている。

近世城郭として整備されたのは、最上家十一代義光《よしあき》の時代であった。義光は天文十五（一五四六）年に誕生、元亀二（一五七一）年、二十六歳のときに最上家を継いだ。

慶長五（一六〇〇）年、義光は徳川家康に味方すると、上杉景勝の命で直江兼続が最上攻略のため出陣した。長谷堂《はせどう》城（山形市長谷堂）に立てこもった最上勢は、直江軍の侵攻を阻止した。その時、関ヶ原の合戦での東軍（徳川家康）の勝利が伝えられると、直江軍は撤退した。義光は関ヶ原の合戦後、五十七万石の大大名になった。

義光が山形城を大構築したのは、関ヶ原合戦以後であった。義光は慶長十九（一六一四）年、六十九歳で死去した。孫の十三代義俊時代の元和八（一六二二）年に改易となった。

明治二十九（一八九六）年から太平洋戦争後まで、歩兵三十二連隊が利用した。戦後、城跡には各種スポーツ施設が建設され、市民に親しまれている。

今日、二ノ丸東大手門、西不明門、南大手門、北不明門の石垣が現存する。また、三ノ丸の土塁が現存する双葉公園などがあり、本丸一文字門石垣の復原も見ることができる。そして、東大手門から入ったところに、最上義光騎馬像がある。

■MAP／P124-F-2

山形城二ノ丸東大手門復原

二ノ丸東大手門看板

山形城跡本丸一文字門石垣復原

続櫓復原と堀

山形城主最上義光を顕彰する歴史館

最上義光歴史館《もがみよしあきれきしかん》

山形市大手町一丁目

▼山形城跡《やまがた》（国史跡、霞城公園《かじょう》）の大手門前に建つ。隣には山形美術館がある。

山形市の基礎を築いた最上義《もがみよし》光《あき》関係の資料を収集・保存すること、さらに最上義光を顕彰する施設として山形市が建設し、平成元年に開館した。ロビー、展示室、研修室、喫茶室をそろえた鉄筋コンクリート造りの建物。

最上家は清和源氏《せいわげんじ》の子孫斯波《しば》兼頼《かねより》を祖とする。義光は天文十五（一五四六）年誕生。元亀二（一五七一）年家督を継ぎ、慶長五（一六〇〇）年、直江兼続軍と激突する。関ヶ原の合戦で徳川家康に味方し、五十七万石の大名となった。

最上義光歴史館には義光が慶長五年の長谷堂《はせどう》合戦に使用して敵弾をうけた兜《かぶと》（三十八間総《さんじゅうはちけんそう》覆輪筋兜《ふくりんすじかぶと》）、義光所用の指揮棒（銘「清和天皇末葉山形出羽守《せいわてんのうまつようやまがたでわのかみ》有髪僧義光《うはつのそうよしあき》」）、義光所用の鉄扇、義光書状、長谷堂合戦の際の直江軍旗「雁《かりがね》の旗」、「長谷堂合戦図屏風」（複製）、山形城の杉板戸、太刀（銘「八幡宮奉納源家親 出羽国酒田住兼高作」）、金小札紫糸威最上胴丸《きんこざねむらさきいとおどしもがみどうまる》などが展示されている。

最上義光像（山形城跡）

MAP／P124-F-2

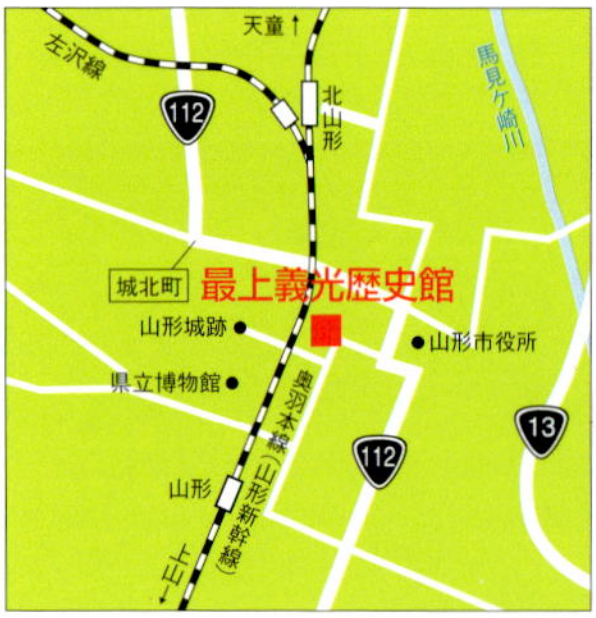

最上義光歴史館

三十八間総覆輪筋兜（最上義光歴史館蔵）

義光の指揮棒と鉄扇（最上義光歴史館蔵）

長谷堂城跡《はせどうじょうあと》

義光ともう一つの関ケ原と呼ばれる死闘を演じた難攻不落の城

山形県山形市長谷堂

▼標高二二七メートルの独立丘（城山）に構築された山城である。八幡神社の鎮座する八幡崎口（北口）から登る道が一番緩やかである。ゆっくり登っても、本丸跡まで三〇分あればよい。

最上三十三観音十二番札所《ふだしょ》、長谷堂観音を経て登る。本丸跡は広い平坦地で、「長谷堂城址」の石碑がたっている。

長谷堂《はせどう》城が歴史の舞台に登場するのは、慶長五（一六〇〇）年九月のことである。山形城主最上義光《もがみよしあき》が東軍徳川家康に味方すると、米沢城主直江兼続は二万の大軍で山形城に迫った。

山形城の前線基地である長谷堂城には志村《しむら》伊豆守光安《あきやす》が立てこもり、直江軍を迎え撃った。

一方、直江兼続は九月十四日以降、菅沢《すげさわ》山（すげさわの丘）で指揮をとった。城主志村光安は、苦戦しながらも、よく籠城した。兼続は関ヶ原の合戦での西軍の敗北を知り、十月一日、全軍撤退を命じた。前田慶次《けいじ》、杉原（水原）親憲《ちかのり》らが殿軍《しんがり》をつとめ、米沢に帰城した。慶長出羽合戦である。

このときの戦いを描いたのが、「長谷堂合戦図屏風」である。この左隻五扇中央に、直江兼続が鉄砲隊を指揮し、撤退する様子が描かれている。

八幡神社付近にこの戦いで戦死した上泉主水泰綱の主水塚《もんどづか》、長谷堂合戦戦死者供養塔がある。

長谷堂城址石碑

MAP／P124-F-2

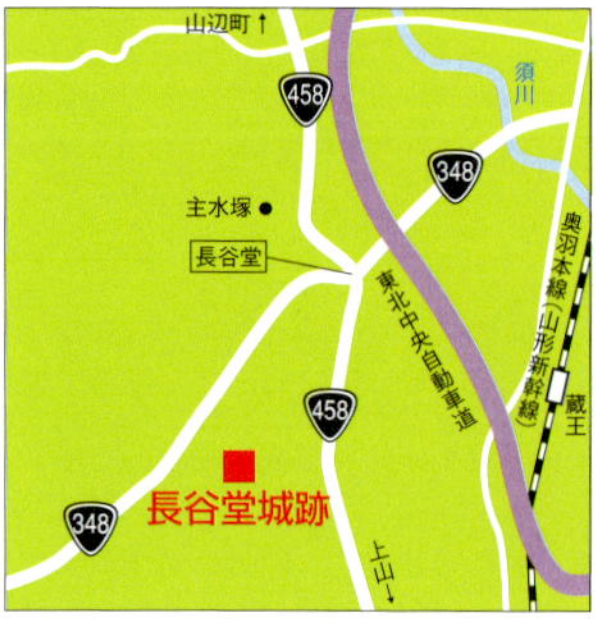

長谷堂城跡西側からの空撮（写真提供：山形市）

長谷堂合戦戦死者を弔った供養塔

直江兼続配下の上泉主水泰綱を供養した「主水塚」

長谷堂合戦図屏風：左隻
（齊藤茂美氏蔵／写真提供：最上義光歴史館）

長谷堂合戦図屏風：右隻
（齊藤茂美氏蔵／写真提供：最上義光歴史館）

城主江口光清が兼続率いる約二万の大軍を迎え撃った

畑谷城跡《はたやじょうあと》

山形県東村山郡山辺町畑谷字館山

▼畑谷《はたや》城跡は畑谷集落の北方に位置する標高五四九メートル（比高七〇メートル）の独立丘（館山）に築かれた山城である。

山麓の曹洞宗長松《ちょうしょう》寺の前から登る。本丸跡まで、十五分くらいである。本丸跡には「江口光清公之碑」「畑谷合戦四百年碑」の石碑がある。山城の各所に空堀が構築されている。

畑谷城は山形城主最上義光《もがみよしあき》が米沢城の直江兼続に対抗するため、堅固な山城にしたもので、最上軍最前線の拠点であった。

この城が歴史の舞台に登場したのは、慶長五（一六〇〇）年九月のことである。山形城主最上義光が東軍徳川家康に味方すると、米沢城主直江兼続は二万の大軍で山形城攻略のため進撃した。その途中、九月十二日から十三日にかけて、直江軍は畑谷城を攻めた。城将江口五兵衛道連（光清《あききよ》）は籠城して抗戦したが、城兵数百名と玉砕した。慶長出羽合戦の始まりである。

長松寺墓地には江口道連の墓と彰徳碑、石碑「畑谷城主江口五兵衛光清公、畑谷合戦戦没者之墓所」がある。落城の日が「十三夜の餅」の日であったため、今日でもこの日には餅をつかない風習が残っている。

直江軍は山野辺《やまのべ》城（山辺町山辺）、長崎《ながさき》城（中山町長崎）、寒河江《さがえ》城（寒河江市寒河江）、白岩《しらいわ》城（寒河江市白岩）などを攻略し、長谷堂城を攻囲した。

山頂にある畑谷合戦四百年碑

■MAP／P124-F-2

畑谷城跡遠景

畑谷城主江口五兵衛光清公之碑

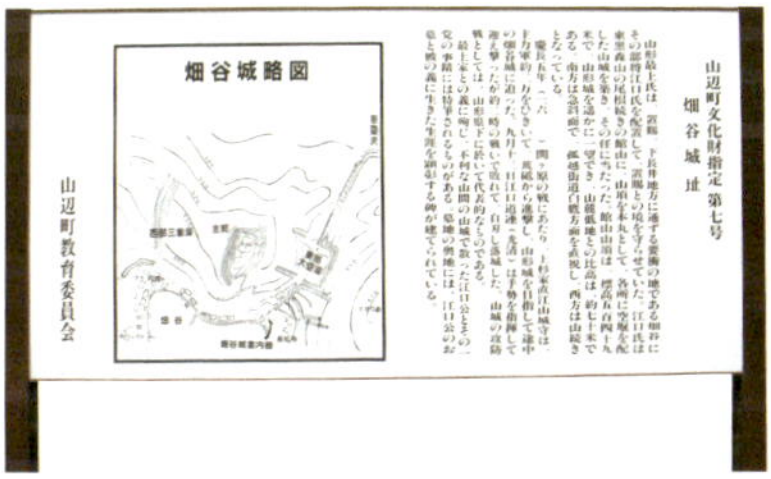

畑谷城案内図

江口公の墓（麓にある長松寺墓地内）

兼続主催の詠会での作品が奉納された色鮮やかな文殊堂

亀岡文殊堂《かめおかもんじゅどう》

山形県東置賜郡高畠町亀岡

▼亀岡文殊堂は、日本三大文殊の一つとして有名である。大同二（八〇七）年、ここを訪れた徳一上人が創建したと伝える。

文殊堂の別当寺大聖寺まで車でいける。ここから石畳みの参道を上り、仁王門・鐘楼堂を経て朱色鮮やかな亀岡文殊堂に至る。

文殊菩薩は知恵をさずける仏様として有名である。そのため昔から「三人よれば文殊の知恵」といわれているように、学問の仏様である。そのため、合格祈願にここを訪れる人が多い。

慶長七（一六〇二）年二月二十七日、直江兼続は亀岡文殊堂で詩歌の会を催した。上杉景勝の家臣二十数人が参加した。そのなかに前田慶次の姿もあった。兼続四十三歳のときである。

漢詩や和歌が百首奉納された。これは「亀岡文殊堂奉納詩歌百首」として、今日も文殊堂に秘蔵されている。

兼続の作品は元日《がんじつ》、逢恋《ほうれん》、蛍《ほたる》、入簾《すだれにはいる》、山家《さんが》、菊花《きくか》、暁鐘《ぎょうしょう》、松雪《しょうせつ》の七首である。

関ヶ原の合戦後の慶長六年八月十七日、景勝は米沢城三十万石に減封を命じられた。同年十一月二十八日、家臣六千人をつれて米沢城に入った。その翌七年二月二十七日の会である。兼続の胸中は、いかばかりであったろうか。兼続の詩「元日」に「万戸千門一様春」とある。兼続の願いが感じられる。

参道

■MAP／P124-E-3

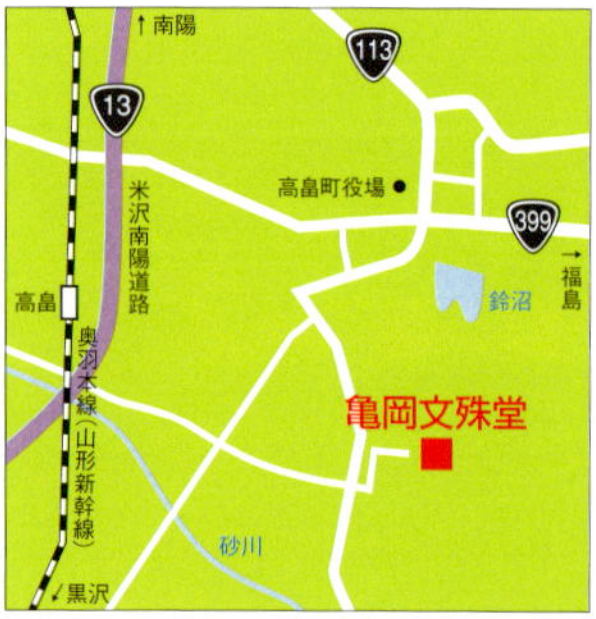

亀岡文殊本堂

直江兼続が主催した詩歌会で詠まれた作品

仁王門

謙信をはじめ米沢藩歴代藩主の遺品が揃う

上杉神社稽照殿《うえすぎじんじゃけいしょうでん》

米沢市丸の内一丁目

▼上杉神社は上杉謙信を祭神とし、米沢城本丸跡に鎮座する。上杉謙信が天正六（一五七八）年三月十三日死去すると、遺骸に甲冑をつけ、甕《かめ》に入れて密封し、春日山城の不識庵に葬った。

　謙信の遺領を相続した上杉景勝が慶長六（一六〇一）年、米沢城に入ると、本丸東南すみに祠堂を建て、謙信の遺骸を慶長十七年から明治四年まで、ここに安置した。明治九（一八七六）年十月、謙信の遺骸は上杉家廟所（米沢市御廟一丁目）に移された。

　明治五年、上杉謙信を祭神とする上杉神社を創建し、名君鷹山公を合祀して県社に列した。社殿は明治九年五月に竣工した。明治三十五年、別格官幣社に列せられたとき、松岬神社を創建して鷹山公を祭神としてまつった。さらに昭和十三年四月十四日、直江兼続を合祀した。

　上杉神社のわきに宝物殿「稽照殿」がある。ここには上杉謙信の遺品を中心に、上杉景勝、直江兼続、上杉鷹山の遺品、遺墨などが展示されている。平安時代から江戸時代にわたる刀剣、甲冑、武具、絵画、書跡などである。

　伝直江兼続所用「金小札《きんこざね》浅葱糸威二枚胴具足《あさぎいとおどしにまいどうぐそく》」（通称「愛の前立」）、伝直江兼続所用「金茶糸威最上胴具足《きんちゃいとおどしもがみどうぐそく》」（館外貸出の場合あり）、伝直江兼続所用「薄浅葱花文緞子胴《うすあさぎはなもんどんすどう》服《ふく》」（重文）直江兼続が戦陣に携行した漢詩を作るための字書「直江韻書《なおえいんじょ》」をはじめ、伝上杉謙信所用「色々威腹巻《いろいろおどしはらまき》」

■MAP／P124-E-3

金小札浅葱糸威二枚胴具足（上杉神社蔵）

上杉神社稽照殿

上杉神社本殿

（重文）、伝上杉景勝所用「紫《むらさき》糸威《いとおどし》伊予札《いよざね》五枚《ごまい》胴具足《どうぐそく》」（県文）、唐草《からくさ》透彫《すかしぼり》烏帽子形兜《えぼしなりかぶと》、軍旗《ぐんき》「毘《び》」、馬上杯《ばじょうはい》、琵琶銘《びわめい》「朝嵐《あさあらし》」、上杉謙信画像、春日山古城図、赤牡《あかぼ》丹唐草文《たんからくさもん》天鵞絨《びろうど》洋套《ようとう》（重文・パネル展示）、直江兼続の室が高野山に再建寄進のときの高野山瑜祇塔図（パネル展示）などが展示されている。

（平成二十一年四月現在）

薄浅葱花文緞子胴服（上杉神社蔵）

慶長三年兼続が六万石で入城

米沢城跡《よねざわじょうあと》

米沢市丸の内一丁目

▼別名を松ヶ崎城・舞鶴城ともいい、最上川の支流松川の西岸に築かれた平城である。

　暦仁元（一二三八）年、大江広元の二男長井時広が地頭職《じとうしき》に補任され、米沢の地に築城したと伝える。康暦二（天授六年、一三八〇）年、伊達宗遠が長井氏を滅ぼして米沢地方を支配した。米沢城は晴宗の永禄年間（一五五八～七〇）に整備されたようである。天正十九（一五九一）年、伊達政宗が岩出山城（宮城県大崎市）へ移り、代わって若松城（福島県会津若松市）主蒲生氏郷の将蒲生郷安が入城した。

　慶長三（一五九八）年、上杉景勝が百二十万石で若松城へ移封となると、その家老直江兼続が六万石で米沢城に入り、城郭を修築した。

　慶長五年、関ヶ原の合戦で西軍が敗北すると、兼続は徳川家康の息子結城秀康を頼って家康に謝した。翌慶長六年、景勝は米沢城三十万石に減封を命じられた。以後、明治四年の廃藩置県まで二七〇年あまり、上杉氏の居城となった。なかでも九代藩主治憲《はるのり》（鷹山公《ようざんこう》）は殖産興業・新田開発などに力を入れ、藩政改革を実施した。

　明治六年、城郭は破壊され、公園となった。今日、本丸跡に上杉謙信を祭神とする上杉神社、上杉家の宝物を展示している稽照殿が、二の丸跡に上杉家邸宅・旧上杉邸門と上杉記念館（旧上杉伯爵邸）などがある。

　本丸跡土塁と堀がよく残っている。

■MAP／P124-E-3

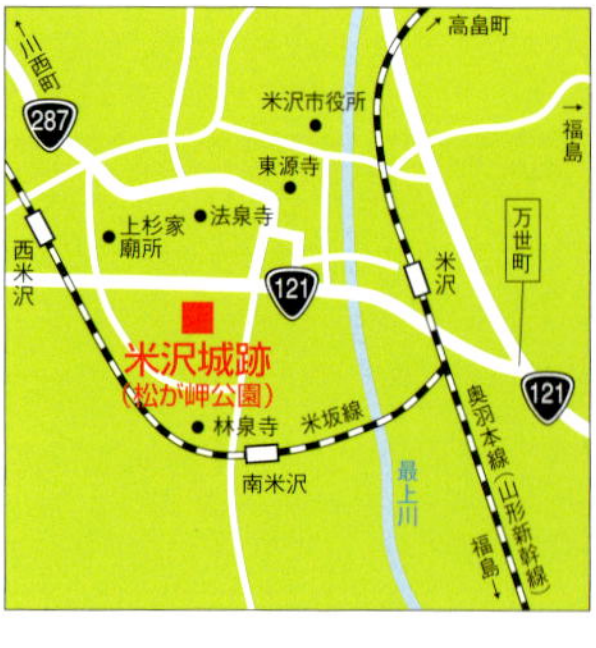

堀と土塁

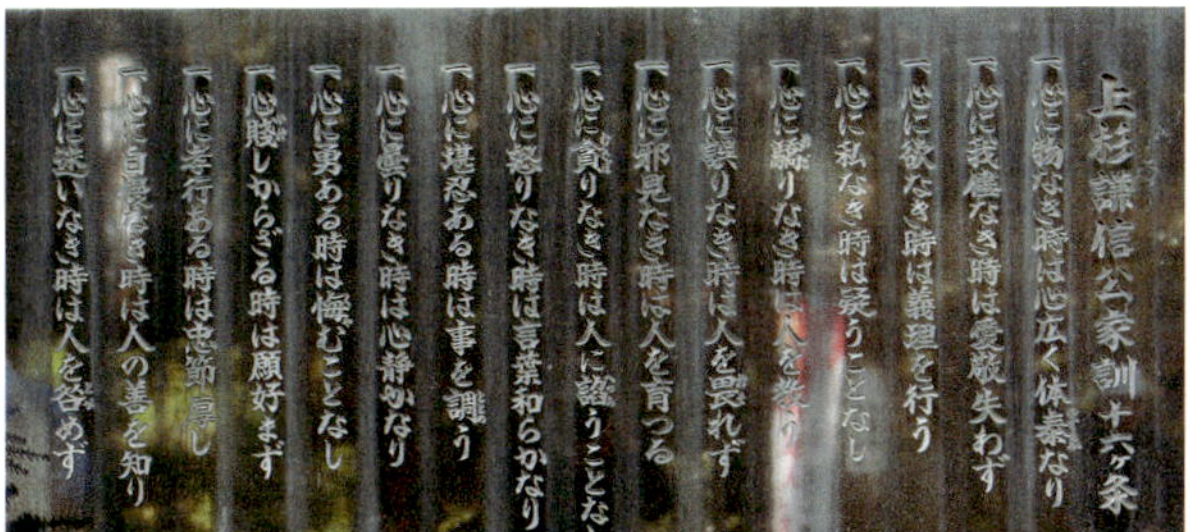
上杉謙信公家訓十六ヶ条
「心に物なき」時は心広く体泰なり
「心に我儘なき」時は愛敬失わず
「心に欲なき」時は義理を行う
「心に私なき」時は疑うことなし
「心に驕りなき」時は人を
「心に誤りなき」時は人を畏れず
「心に邪見なき」時は人を育つる
「心に貪りなき」時は人に諂うことなし
「心に怒りなき」時は言葉和らかなり
「心に堪忍ある」時は事を調う
「心に曇りなき」時は心静かなり
「心に勇ある時は悔むことなし
「心賤しからざる時は願好まず
「心に孝行ある時は忠節厚し
「心に自慢なき」時は人の善を知り
「心に迷いなき」時は人を咎めず

上杉謙信公家訓十六ヶ条

本丸跡にたつ上杉謙信公像

鷹山、景勝、兼続をまつる旧県社

松岬神社《まつがさきじんじゃ》

米沢市丸の内一丁目

▼上杉神社の東方、米沢城内堀を隔てて東側に鎮座する。

御祭神は上杉治憲《はるのり》（鷹山《ようざん》）、上杉景勝、直江兼続、上杉鷹山を補佐した細井平洲・竹俣当《たけのまたまさ》綱《つな》・莅戸善政《のぞきよしまさ》である。

明治五（一八七二）年、上杉謙信を祭神とする上杉神社を米沢城跡（米沢市丸の内一丁目）に創建し、米沢藩九代目藩主上杉鷹山公を合祀して県社に列した。

社殿は明治九年五月に竣工した。明治三十五年四月二十六日、上杉神社が別格官幣社に列せられたとき、祭神を上杉謙信一柱となった。そこで鷹山を別にまつることになり、大正元（一九一二）年九月二十八日、米沢城二の丸世子御殿跡に社殿を創建、鷹山を祭神として県社に列した。そして、同十二年四月に上杉景勝を、昭和十三（一九三八）年四月十四日に市制施行五十周年を記念して直江兼続を合祀《ごうし》した。例祭日は四月三十日（春祭）と九月の最終土・日曜日（秋祭）である。

付近に伝国の杜、米沢市上杉博物館などがある。

松岬神社

■MAP／P124-E-3

上杉鷹山像

伝国の辞

上杉家ゆかりの国宝が展示

米沢市上杉博物館《よねざわしうえすぎはくぶつかん》

米沢市丸の内一丁目二番一号

▼米沢城二の丸跡、「伝国《でんこく》の杜《もり》」内に平成十三（二〇〇一）年、開館した。国宝の「上杉本洛中洛外図屏風」「上杉家文書」をはじめ、数千点に及ぶ上杉家ゆかりの品々が所蔵されている。これらは多くが平成元（一九八九）年、故上杉家十六代上杉隆憲氏から米沢市へ寄贈されたものである。

「洛中洛外図屏風」は狩野永徳筆になるもので、織田信長が天正二（一五七四）年に謙信に贈ったものとされる。「鉄砲薬《てっぽうくすり》之《の》方並《ほうならびに》調合《ちょうごう》次《し》第《だい》」（国宝）は永禄二（一五五九）年、謙信が第二回上洛した際に、十三代将軍足利義輝が謙信に贈った火薬の作り方を記した秘伝書。

「上杉家軍役帳《ぐんえきちょう》」（国宝）は天正三（一五七五）年、謙信が出陣の際の家臣団の軍役を定めたものである。これによると、「上杉軍団の兵力は五五五三名であった。「上杉家文書」の中には、直江兼続の書状や漢詩文なども含まれている。

「直江兼続像」、直江兼続筆五《ご》山衆等詩《ざんしゅうらし》、直江兼続五楽願書《ごらくがんしょ》、慶長五年直江支配、鉄砲稽古定《けいこさだめ》（慶長九年）、直江状写《うつし》（十七世紀）をはじめ、上杉景勝像（紙本著色、十九世紀）、大坂御陣之図、川中島合戦図屏風（米沢本、江戸後期）、御城大絵図（承応二年頃制作）などが所蔵されている。

MAP／P124-E-3

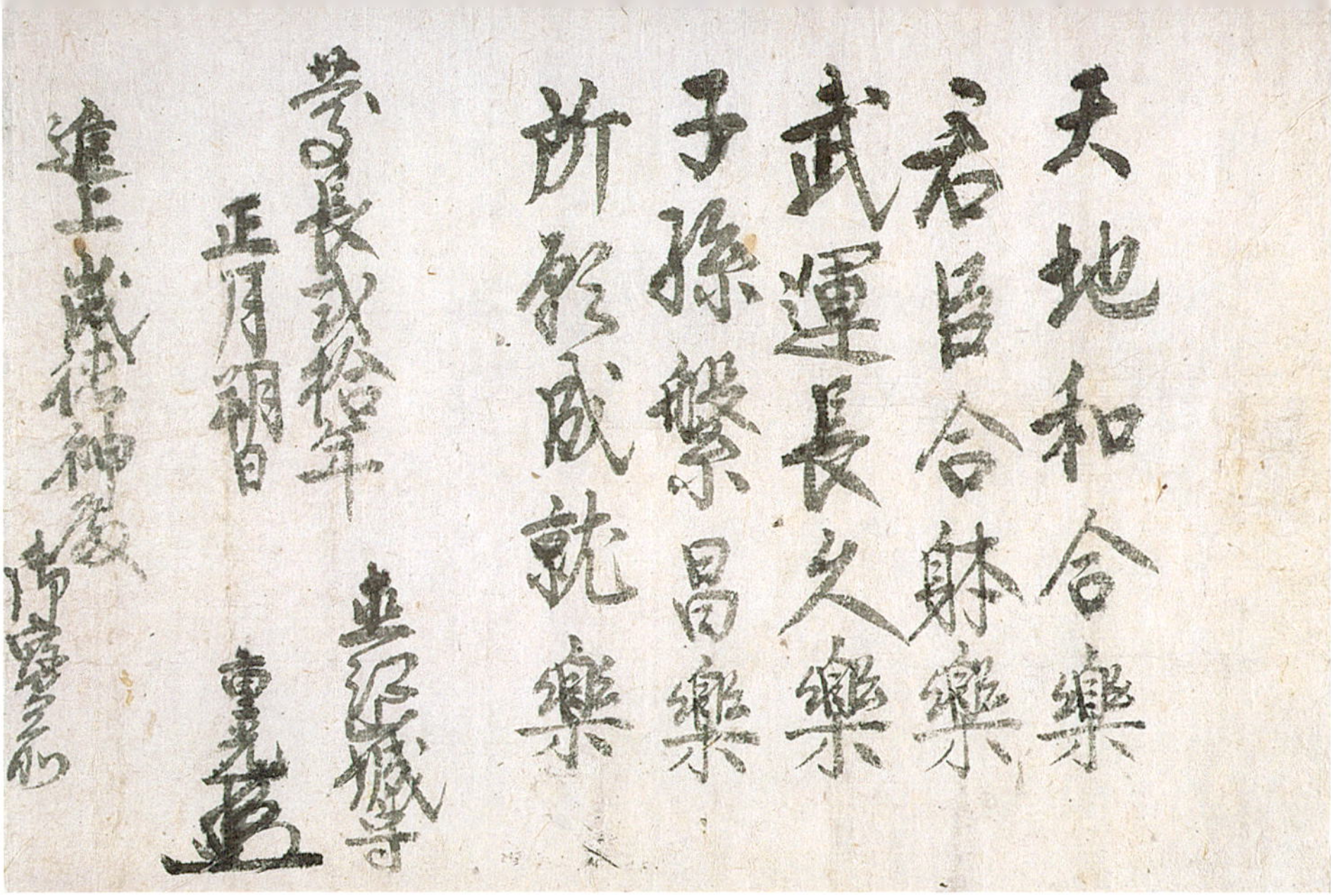
天地和合楽
君臣合躰楽
武運長久楽
子孫繁昌楽
所願成就楽
慶長弐拾年
正月朔日　山城守
重光（花押）
進上　歳徳神殿
御宝前

直江兼続五楽願書（米沢市上杉博物館蔵）

直江兼続像（米沢市上杉博物館蔵）

上杉景勝像（米沢市上杉博物館蔵）

上杉博物館外観（写真提供：米沢市上杉博物館）

上杉家歴代の藩主が眠る廟所

上杉家廟所《うえすぎけびょうしょ》

米沢市御廟一丁目

▼米沢藩主上杉家歴代の廟所は、上杉家古来の質実剛健の家風を表し、何の装飾もない。東西約一一〇《メートル》、南北一八〇《メートル》、老杉がうっそうと繁茂している。「御廟所《ごびょうしょ》」、または「御霊《おたま》屋《や》」と呼ばれている。

上杉謙信の廟所は、廟所中央奥の一段高い所にあり、廟の前に「上杉輝虎公之閟宮《ひきゅう》」と刻まれた石碑がたっている。

天正六（一五七八）年三月十三日、謙信が死去すると、遺骸に甲冑をつけ、漆《うるし》で固《かた》めて甕《かめ》に入れて葬られたと伝えている。上杉景勝の米沢移封で米沢城に運ばれ、本丸東南すみに祠堂を建て、安置された。明治九（一八七六）年十月、上杉家廟所に安置した。

元和九（一六二三）年三月二十日、上杉景勝が死去した際、ここを廟所とした。

廟所の中央に謙信の閟宮がある。これに向かって左に上杉家二代景勝、四代綱勝《つなかつ》、六代吉《よし》憲《のり》、八代宗房《むねふさ》、十代治憲《はるのり》、十二代斉定《なりさだ》の閟宮に向かって右に三代定勝《さだかつ》、五代綱憲《つなのり》、七代宗憲《むねのり》、九代重定《しげさだ》、十一代治広《はるひろ》の祠堂が並ぶ。

昭和五十九（一九八四）年一月、上杉家歴代の墓所として、国の史跡に指定された。

正面入り口

MAP／P124-E-3

中央奥にある謙信公廟所

景勝公廟所

歴代藩主の廟が並ぶ

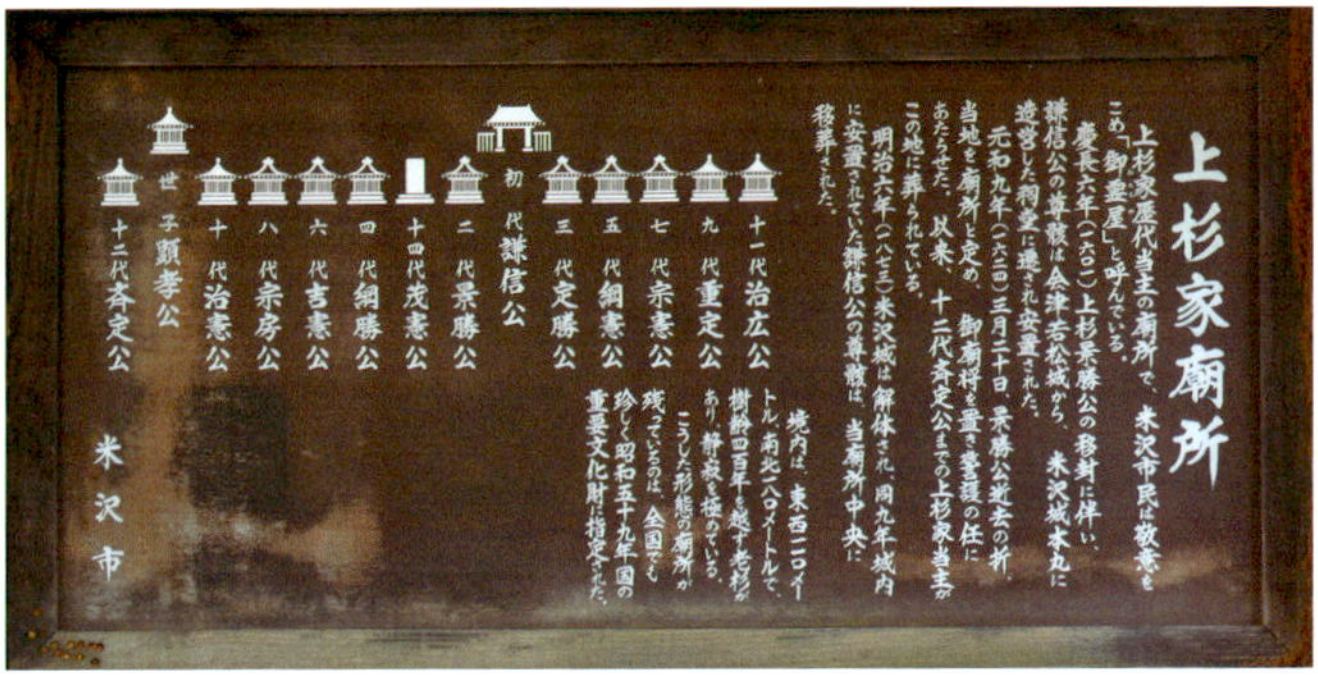

案内板

林泉寺《りんせんじ》

兼続と妻おせんが眠る。米沢三名園といわれる庭園も見もの

米沢市林泉寺

▼上杉謙信の祖父、越後守護代長尾能景が明応五（一四九六）年、父の重景の菩提を弔うため、春日山城下に林泉寺（上越市中門前）を建立した。重景の法号「林泉寺殿実渓正真」をとって春日山林泉寺とし、上州白井の雙林寺（群馬県渋川市）の曇英《どんえい》慧応《えのう》を招いて開山とした長尾氏の菩提寺である。

　この法縁によって、天文七（一五三八）年、景虎（のち謙信）は、七歳から十四歳まで、林泉寺七世天室光育のもとで仏道にめざめ、禅心をみがいた。

　景虎三十二歳の折、時の関東管領上杉憲政の懇請と、将軍足利義輝の認可を得て、関東管領職および上杉氏を引き継ぎ上杉政虎－輝虎を名乗った。

　謙信の名は、輝虎四十一歳の折、林泉寺八世益翁宗謙《やくおうしゅうけん》に禅の奥儀「聖諦第一義《しょうたいだいいちぎ》」を提唱され、程なくして見事に体得したことが認められ、謙の一字を譲り受けたときからである。

　謙信死後、跡を継いだ上杉景

景勝の母　仙桃院の墓
（洞）

MAP／P124-E-3

林泉寺山門

林泉寺本堂

勝は慶長三（一五九八）年、秀吉によって会津へ、同六（一六〇一）年、家康によって米沢へ移封された。

　菩提寺の林泉寺も上杉家とともに越後から会津－米沢と同行したのである。

　現在の伽藍は享保十七（一七三二）年九月の火災で焼失したのち、再建されたものである。山門は鷹山公時代の家老竹俣家の門を明治四十一年に移建したものである。

　宝物館には直江兼続の肖像画（江戸後期、畠山義勝作）と漢詩「雪夜囲炉」「人日」がある。

　墓地には直江兼続夫妻、仙桃（洞）院（上杉謙信の姉、景勝の母）、景勝の室菊姫（武田信玄の六女で、四女という説もある）、景勝の子定勝の室市姫（肥前佐賀藩主松平勝茂の長女）、水原親憲、吉江宗信、鉄泰忠、甘粕景継、武田信清（武田信玄の六男）の墓などがある。

　とくに直江兼続夫妻、武田信清の墓は山形県指定文化財となっている。

景勝の妻・菊姫の墓

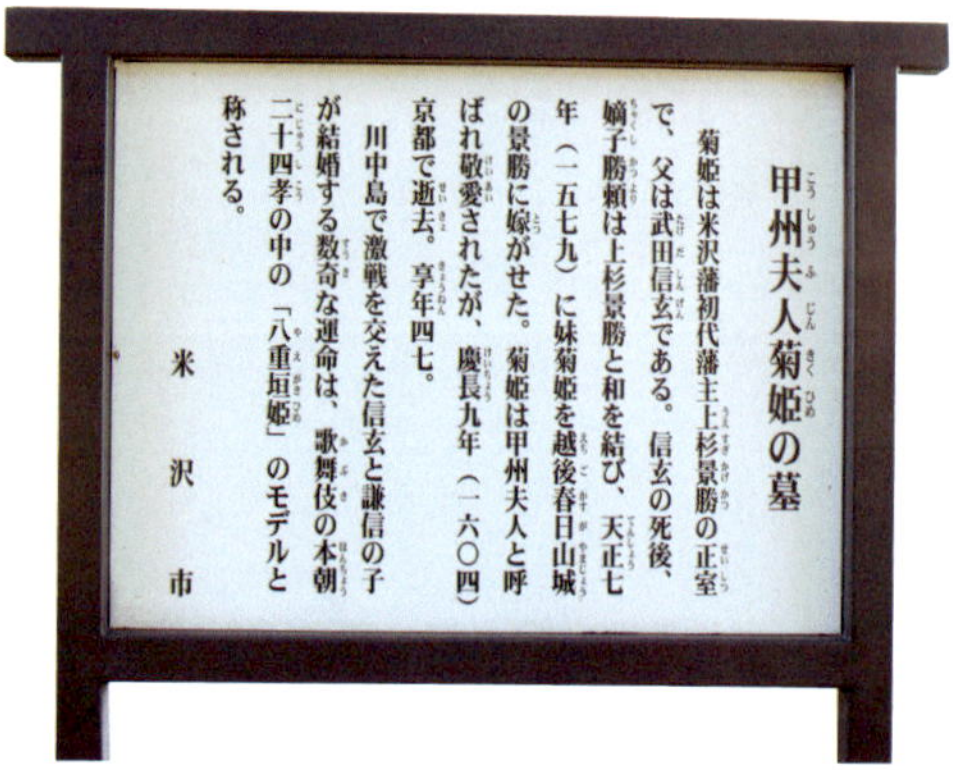
甲州《こうしゅう》夫人《ふじん》菊姫《きくひめ》の墓
菊姫は米沢藩初代藩主上杉景勝《うえすぎかげかつ》の正室《せいしつ》で、父は武田信玄《たけだしんげん》である。信玄の死後、嫡子《ちゃくし》勝頼《かつより》は上杉景勝と和を結び、天正《てんしょう》七年（一五七九）に妹菊姫を越後《えちご》春日山城《かすがやまじょう》の景勝に嫁《とつ》がせた。菊姫は甲州夫人と呼ばれ敬愛《けいあい》されたが、慶長《けいちょう》九年（一六〇四）京都で逝去《せいきょ》。享年《きょうねん》四七。
川中島で激戦を交えた信玄と謙信の子が結婚する数奇《すうき》な運命は、歌舞伎《かぶき》の本朝《ほんちょう》二十四孝《にじゅうしこう》の中の「八重垣姫《やえがきひめ》」のモデルと称される。
米沢市
案内板

直江夫妻の墓

武田信清の墓

米沢藩にゆかりのある重要文化財を多数展示

宮坂考古館《みやさかこうこかん》

米沢市東一丁目

▼財団法人宮坂考古館は故宮坂善助《みやさかぜんすけ》が八十余年の生涯をかけて収集したものである。約七百余点に及ぶ貴重な資料である。五六領の甲冑、火縄銃、刀、槍、屏風、陣羽織・胴着、旗、書画、膨大な考古資料（縄文・弥生・古墳時代の出土品）である。

昭和三十七（一九六二）年に宮坂考古館を開設。昭和五十二年に博物館法にもとづいた博物館となった。

伝直江兼続所用具足「浅葱糸《あさぎいと》威錆色塗切付札二枚胴具足《おどしさびいろぬりきりつけざねにまいどうぐそく》」（山形県指定文化財）、伝上杉謙信所用腹巻「素懸白綾威黒皺韋包《すがけしろあやおどしくろしぼかわつつみ》板物腹巻《いたものはらまき》」（山形県指定文化財）伝関東管領《かんれい》上杉憲政《のりまさ》所用具足「素懸紫糸威黒塗板物五枚胴具《すがけむらさきいとおどしくろぬりいたものごまいどうぐ》足《そく》」（山形県指定文化財）、伝上杉景勝所用具足「浅葱糸威黒皺《あさぎいとおどしくろしぼ》韋包板物二枚胴具足《かわつつみいたものにまいどうぐそく》」（山形県指定文化財）、伝上杉綱憲《つなのり》所用胴丸「本小札紺糸威胴丸《ほんこざねこんいとおどしどうまる》」（山形県指定文化財）、伝前田慶次所用具足「朱漆塗紫糸素懸威五《しゅうるしぬりむらさきいとすがけおどしご》枚胴具足南蛮笠式《まいどうぐそくなんばんかさしき》」、上杉斉憲（上杉家十三代）着用の陣羽織、伝重定正室所用（鷹山正室幸姫の母）白絹綸子地《しろきぬりんずじ》松竹梅鶴亀摺《すり》疋田刺繍打掛《ひきたししゅううちかけ》」、伝お豊の方所用「藍地手描友禅帷子《あいじてがきゆうぜんかたびら》」、三〇匁筒の火縄銃などが展示されている。

宮坂考古館外観

■MAP／P124-E-3

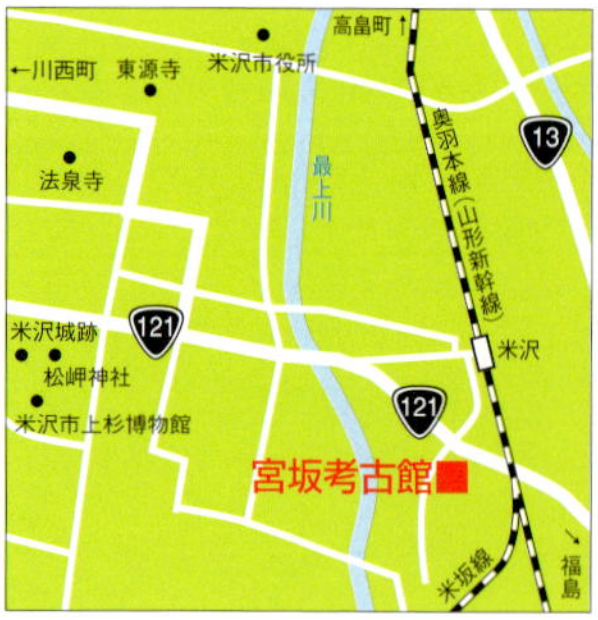

伝、直江兼続所用具足（宮坂考古館蔵）

伝、前田慶次所用具足（宮坂考古館蔵）

兼続が栽培を推奨した作物「ウコギ」
今も垣根などに利用されている

法泉寺《ほうせんじ》

兼続が学問を学ぶ場として禪林文庫を開設

米沢市城西二丁目

▼法泉寺は、はじめ禪林寺といい、元和四（一六一八）年、直江兼続によって創建された臨済宗の寺である。

　兼続は足利学校で学ばせた九山禅師を呼びもどし、米沢藩士の子弟教育の学問所「禪林文庫」を禪林寺境内に開設した。兼続や九山は収集した蔵書を提供した。そのため、ここが米沢藩の学問の発祥地といわれた。今日、これらの蔵書は、市立図書館などに所蔵されている。

　元禄三（一六九〇）年、米沢藩二代藩主上杉定勝の三女亀姫の法名「法泉院殿」をとって、恵日山法泉寺とした。

　墓地には定勝の三女亀姫、定勝の四女参姫（吉良上野介義央の室）の墓などがある。

　法泉寺の北側、道路をはさんで庭園、文殊堂、先聖殿、直江兼続の詩碑などがある。

　庭園は九山禅師が京都の天竜寺庭園を模して建造したといわれ、米沢三大名園の一つに数えられている。

　文殊堂は、二代絶山和尚が慶安元（一六四八）年、切戸の文殊（京都府宮津市）を勧請したと伝えられているが、寛政元（一七八九）年の火災で焼失した。現在のお堂は昭和五年に再建されたものである。

　先聖殿は孔子をまつり、米沢藩校である興譲館の鎮守として創建された。扁額は上杉鷹山の揮毫である。

　法泉寺の東側に兼続が掘った堀立川が流れている。

■MAP／P124-E-3

法泉寺（写真撮影：遠藤　英氏）

庭園文殊堂（写真撮影：遠藤　英氏）

直江兼続詩碑（写真撮影：遠藤　英氏）

兼続の位牌が安置されている

東源寺《とうげんじ》

米沢市中央五丁目

▼曹洞宗万用山東源寺に直江兼続、おせんの方、兼続の嫡男平八景明の霊牌がある。

　東源寺はもと信濃国飯山（長野県飯山市）にあり、文明八（一四七六）年、飯山城主尾崎氏によって建立された。慶長三（一五九八）年、上杉景勝に従って会津に移った。そして元和二（一六一六）年、米沢城下花沢村（米沢市東三丁目）に移った。中興開基は、岩井備中守信能である。

　直江兼続が元和五（一六一九）年十二月十九日、六十歳で没すると、その遺骸は高野山の清浄心院と直江家の菩提寺徳昌寺に埋葬された。徳昌寺は直江家の城下（新潟県長岡市与板町）にあったが、慶長三年、直江兼続とともに米沢城下徳昌町（米沢市徳町）に移った。

　ところが寛永十四（一六三七）年、徳昌寺と林泉寺（米沢市林泉寺）とが禄所争いを起こした。徳昌寺は寺領を没収され、越後の与板に戻った。寛永十七年頃のことである。

　そこで直江兼続夫妻の墓は林泉寺に、直江家の霊牌は真福寺（米沢市相生町）に移された。ところが正保二（一六四五）年、与板侍組の平林正興が住職風室和尚と対立し、真福寺を離れて東源寺の檀家となった。そのため、直江兼続の位牌も、東源寺に移された。

■MAP／P124-E-3

東源寺本堂

門から本堂（写真撮影：遠藤　英氏）

直峰町《のみねまち》

兼続の父兼豊に従い米沢に移った家臣団が居住

山形県米沢市城西一丁目

▼米沢城下町の西端に位置する。現在の町名に変更前に直峰《のみね》町と称した。町の東に堀立《ほったて》川が流れている。

弘化三（一八四六）年の『御城下並びに原々屋敷割帳』（米沢市立図書館蔵）によると、屋敷数五一、空屋敷一〇とある。

なお、明和六（一七六九）年の絵図ではもともとの直峰町の南半が「加地（徒）町」として別になっており、昭和七（一九三二）年までそのようにされていた。そのためもともとの直峰町は弘化三年の屋敷数五一、空屋敷一〇に、「加地町」の屋敷数一五と空屋敷三を加えた地域となる。

『上杉家御年譜』によると、「直峰町」に藩の鉄砲玉鋳造所があったが、火災で焼失したとされている。

直峰町は越後の直峰《のうみね》城（新潟県上越市安塚区）から直江兼続の父樋口兼豊に従って米沢城下に移った家臣団によって形成された。兼豊は天正十二（一五八四）年十一月二十四日、御館《おたて》の乱の戦功で上杉景勝から直峰城主に命じられた。慶長三（一五九八）年、兼続に従って米沢城下に移った。

今日、直峰会館、直峰町通りとして、その名をとどめている。

国道121号（堀立川をこえた所）にたつ木柱

由来説明文

■MAP／P124-E-3

直峰町会館

直峰城に創建後米沢へ

神達《かんだつ》神社

米沢市城北一丁目五番五号

祭神曽我《そが》十郎祐成《すけなり》・曽我五郎時致《ときむね》兄弟。直江兼続が天正十六（一五八八）年、上杉景勝に従い上洛の途中、富士のすそ野の社より曽我兄弟の木像をもらいうけ、直峰城（上越市安塚区）に神社を創建。兼続に従って米沢に移った。元和五（一六一九）年、兼続の死後、樋口家の邸内に創建した。

神達神社

直峰町通

大堤防を築き治水の重要性を今に伝える

直江石堤《なおえせきてい》

米沢市大字赤崩《あかくずれ》

▼慶長三（一五九八）年、上杉景勝の会津移封で、直江兼続が米沢城に入った。ところが慶長五年の関ヶ原の合戦で景勝は西軍石田三成に加担したことによって、翌六年、会津百二十万石から米沢三十万石に減封となった。

たくさんの家臣団が米沢に入城したため、兼続は城下町の整備・拡張を行った。その際、最上川の上流松川の氾濫で城下を洪水から防ぐため、みずから赤《あか》崩山《くずれやま》に登り、大規模な堤防を築いたと伝えられている。直江《なおえ》石堤《せきてい》と呼ばれた築堤である。谷《や》地河原《ちがわら》堤防ともいわれている。

昭和六十一（一九八六）年、海老《えび》ヶ沢《がさわ》橋の上流と下流一二〇〇メートルの石堤が米沢市の史跡に指定された。高さ約二メートル、上辺約五メートル、下辺約九メートル。河川敷は「直江石堤公園」として整備され、市民の憩いの場となっている。

案内板

直江石堤石碑

MAP／P124-E-3

直江石堤

直江石堤公園

案内板

龍師火帝の碑
龍師火帝と４文字が彫られている

洪水、旱魃がおこらないようにとの思いから建立

龍師火帝の碑

山形県米沢市李山《すももやま》

龍師火帝《りょうしかてい》の石碑は、李山字丹南の松川左岸猿尾堰《さるおぜき》の取水口付近にある。高さ一メートル、幅約三メートル、厚さ約一メートルの巨碑。安山岩の自然石で、「龍師火帝《りょうしかてい》」と彫られている。この文字は「千字文《せんじもん》」からとったものである。兼続が洪水や旱《かん》魃《ばつ》がおこらないように龍師（水神）火帝（火の神）に祈願するためにつくった石碑と伝えられている。

米沢直江会は兼続の龍師火帝の碑から名称をとって機関紙「龍師火帝」を発刊している。

鉄砲鍛冶を数百名集めた軍備増強の足場

白布温泉《しらぶおんせん》

▼白布《しらぶ》温泉に「直江城州公鉄砲鍛造遺跡」の石碑がある。石碑は直江兼続が火縄銃を鍛造したことを記念して、昭和四十五年に白布温泉の西屋・中屋・東屋前に建てられた。筒の種類は一〇匁、一五匁、三〇匁筒といわれている。

慶長九（一六〇四）年九月、兼続は近江国国友村（滋賀県長浜市）の吉川惣兵衛と和泉国堺（大阪府堺市）の和泉屋松右衛門を招き、鉄砲千丁を鍛造させた。

白布温泉は正和年中（一三一二〜一七）、出羽国の佐藤宗純が発見したという説、白い斑《ふ》のある鷹が傷をなおしていたことから白布温泉となったとする説などがある。

高湯温泉

■MAP／P124-E-3

息子景明のために湯壷を開いた秘湯

五色《ごしき》温泉

山形県米沢市関

五色（板谷）温泉は直江兼続が病弱だった嫡男景明のために湯壺を開き、足軽に警備させたと伝えられている。五色温泉は一三〇〇年前、役小角《えんのおずぬ》（役《えん》の行者《ぎょうじゃ》）によって発見されたという。標高八〇〇《メートル》の山中に一軒ある。

■MAP／P124-E-3

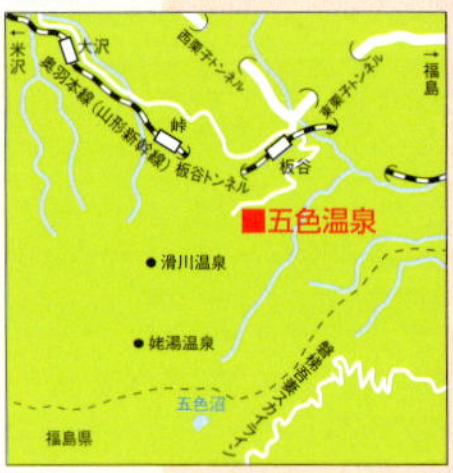

五色温泉の一軒宿　宗川旅館

白布温泉中屋旅館駐車場前にある石碑

慶長三年景勝が百二十万石で入城

若松城《わかまつじょう》

神指城跡《こうざしじょうあと》

関ヶ原合戦で完成しなかった幻の城

福島県会津若松市追手町　会津若松市神指町

▼若松城は鶴ヶ城（葦名《あしな》時代の名称）ともいい平山城で、国の史跡に指定されている。

　文和三（一三五四）年、葦名直盛によって築城され、黒川城といわれた。天正十八（一五九〇）年、豊臣秀吉は小田原城主北条《ほうじょう》氏を滅ぼすと、蒲生氏郷《がもううじさと》を入城させた。氏郷は文禄元（一五九二）年、鶴ヶ城と名を改めて大修築し、翌二年、五重七層の大天守閣を完成させた。

　慶長三（一五九八）年三月二十四日、上杉景勝は豊臣秀吉の命で、百二十万石をもって入城した。内訳は会津九十二万石、出羽庄内十四万石、佐渡十四万石であった。

　若松城に入った景勝は、伊達《だて》政宗《まさむね》に対する白石城《しろいし》（白石市益岡）に甘粕景継《あまかすかげつぐ》を、最上義光《もがみよしあき》に対する米沢城（米沢市丸の内）に直江兼続を、越後・下野国との連絡路にあたる鴨山城《しぎやま》（南会津郡南会津町）に大国実頼《おおくにさねより》を配し、統治体制を固めた。

　若松城天守閣には、伝直江山城守兼続着用「紺糸威《こんいとおどし》二枚胴具《どうぐ》足《そく》」（会津若松市蔵）が展示されている。上杉神社から会津若松市に贈られたものである。

紺糸威二枚胴具足（会津若松市蔵）

■MAP／P124-D-4

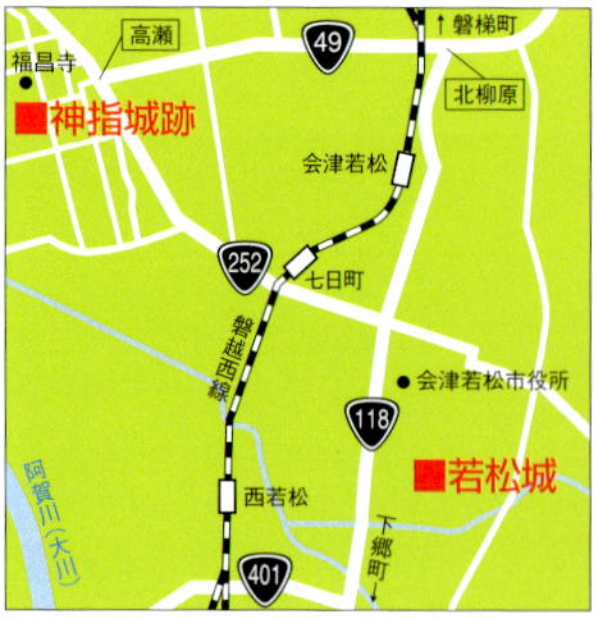

若松城天守閣

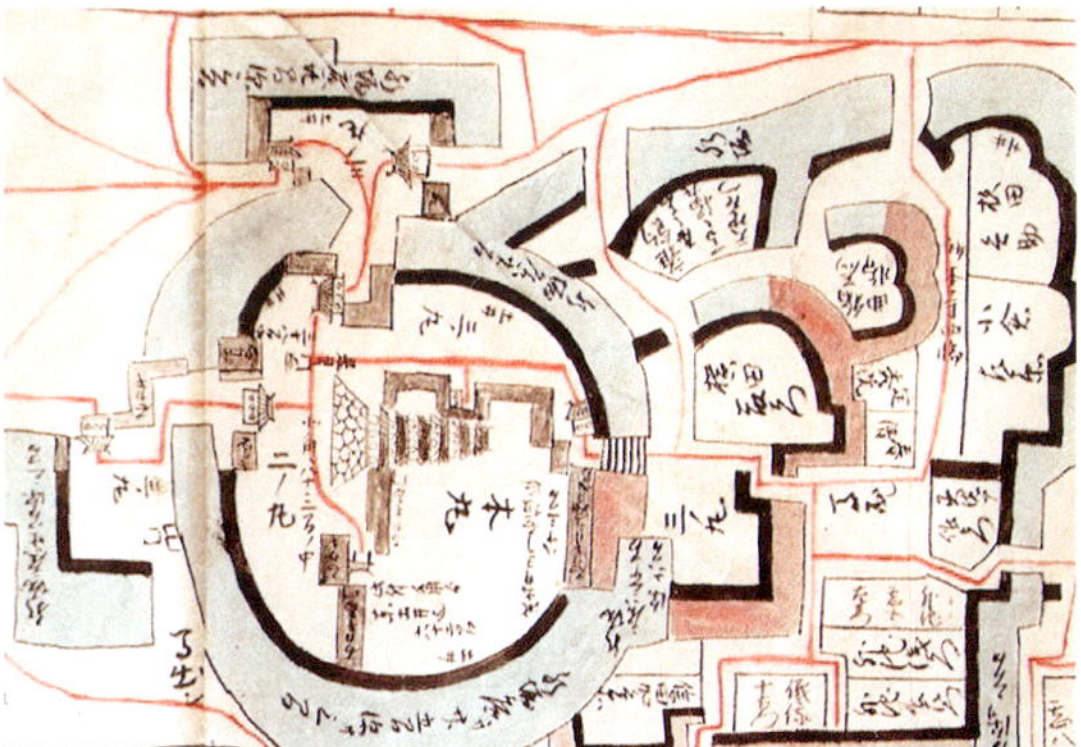

1620年頃の若松城（鈴木洋一氏蔵）

高石垣と廊下橋

神指城二ノ丸跡遠景

▼慶長三（一五九八）年三月二十四日、上杉景勝は若松城に入ると、まもなく執政直江兼続に神指《こうざし》築城（香指城）を命じた。
慶長五（一六〇〇）年二月十日、兼続は普請奉行として指揮をとった。鳴山《しぎやま》城（南会津郡南会津町）主大国実頼、白石《しろいし》城（白石市）主甘粕景継らが小奉行として工事を担当した。六月一日には一応、工事は終了した。天下の情勢が風雲急を告げていたときであったため、突貫工事であったことがわかる。

輪郭式《りんかくしき》の平城《ひらじろ》であった。本丸は東西一〇〇間、南北一七〇間の長方形、二ノ丸は東西二六〇間、南北二九〇間と記録にある。二ノ丸跡の北東には樹齢約六百年の「高瀬のケヤキ」（国天然

二ノ丸跡にある大ケヤキ

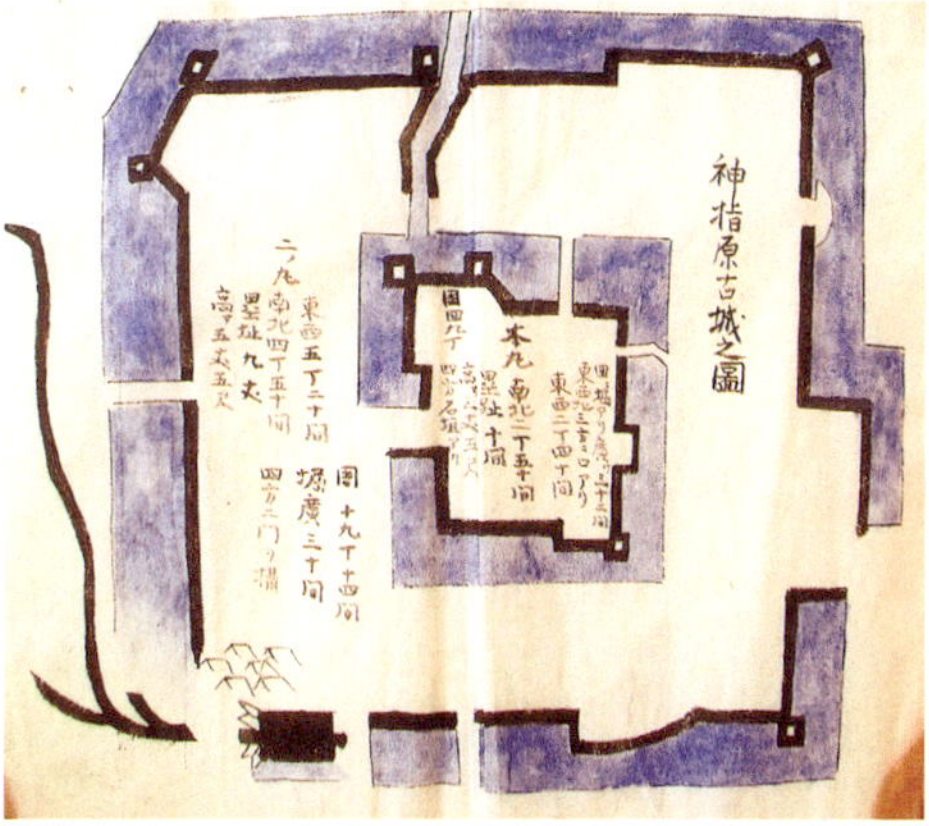

江戸時代「神指原古城之図」（鈴木洋一氏蔵）

記念物）がある。

慶長五年の関ヶ原の合戦で石田三成の西軍が敗北すると、翌六年、上杉景勝は米沢城三十万石に減封となった。そのため神指城は破城され完成しないまま廃城となった。

神指城二ノ丸跡（左奥）と本丸跡（手前）

上杉氏の会津における最後の砦

向羽黒山城跡《むかいはぐろやまじょうあと》

大沼郡会津美里町

▼会津盆地の南端にそびえる標高四〇八《メートル》（比高一九〇《メートル》）の岩崎山に築かれた山城で、国の史跡に指定されている。この山は白鳳山ともいわれ、別名を岩崎城、巌館という。会津盆地が一望できる要衝の地に位置している。

　向羽黒山城は葦名《あしな》盛氏が永禄四（一五六一）年から同十一年にかけて黒川城の詰《つめ》の城として築城した。ついで葦名盛隆・義広、伊達政宗、蒲生氏郷《がもううじさと》も補修している。

　慶長三（一五九八）年、上杉景勝が会津百二十万石で移封となると、直江兼続は向羽黒山城を重要視し、朝鮮の熊川（ウンチョン）城の縄張《なわばり》と石垣積《いしがきづみ》を参考にして大改修したといわれている。徳川家康を迎え撃つ防御拠点としての役割をもたせたのであろう。しかし景勝は、関ヶ原合戦後の慶長六年、城を破却して米沢城に移った。

　向羽黒山城は流紋岩で形成されたため、ところどころに巨岩が見られる。本丸跡は「実城《みじょう》」と呼ばれた。二ノ丸まで舗装されているため、車で簡単にいける。ここから本丸まで登るとおおよそ十分強かかる。

　本丸跡の東斜面は断崖絶壁で、ふもとを阿賀川（大川）が流れる。西・北斜面はゆるやかなため、曲輪・土塁・横堀・竪堀が構築されている。城下に三日町・六日町・十日町などの地名が残る。市《いち》が立っていたことがわかる。

途中にある案内

■MAP／P124-D-4

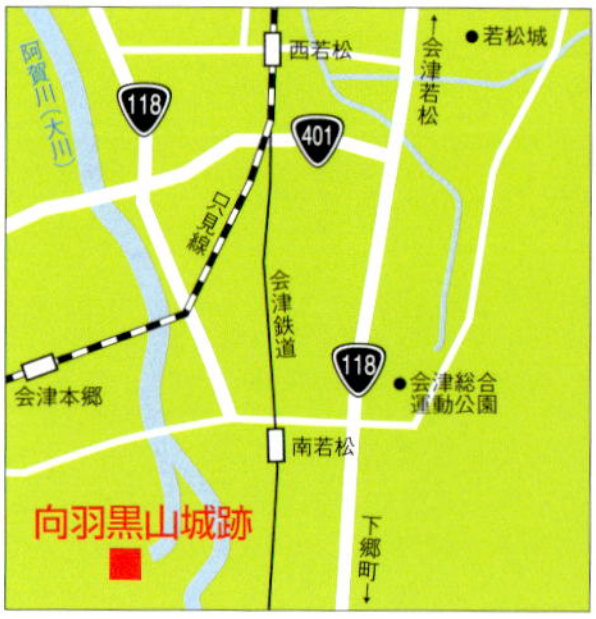

二ノ丸からの展望。北北東約 5.5 ㎞に若松城が位置する（写真提供：石田明夫氏）

本丸跡

向羽黒山城跡遠景

上杉家の越中進出における拠点。織田軍に落城させられるも本能寺の変で奪還

魚津城跡《うおづじょうあと》

魚津市本町一丁目（大町小学校）

▼別名を小津城ともいい、魚津市立大町小学校付近にあった平城で、市の史跡に指定されている。今日、城跡を物語る遺構はない。城跡の北に鴨川（神明川）、南に角川が流れ、西が日本海で要害の地であった。

　天正六（一五七八）年、上杉謙信が死去すると、織田信長軍は越中進出を図った。天正十年四月、信長の将柴田勝家・前田利家・佐々成政らは魚津城を攻撃した（三月にも織田方による包囲、攻撃があったとされている）。

　四月二十三日、籠城軍の将山本寺景長・吉江宗信・安部政吉・石口広宗・若林家吉・亀田長乗・藤丸勝俊・蓼沼泰重・寺嶋長資・吉江信景・竹俣慶綱・中條景泰の十二将は連署して決死の覚悟を上杉景勝の家老直江兼続に告げた。

　魚津籠城軍は織田軍に包囲されること八十余日、救援も食糧もなく、六月三日、落城した。死守を続けた守将たちは、ことごとく玉砕した。景勝は四面楚歌、窮地に陥った。

　ところが六月二日、信長が京都本能寺で明智光秀に討たれると、戦況が一変した。魚津や越後に侵攻していた織田軍が退却し、景勝は一夜にして窮地を脱し、魚津城を奪回した。

　今日、大町小学校の敷地内には「魚津城址」の碑と、上杉謙信の歌碑「武士《もののふ》の 鎧《よろい》の袖のかたしき《（方敷）》し 枕にちかきはつかり《（初雁）》の声」がある。

■MAP／P123-A-2

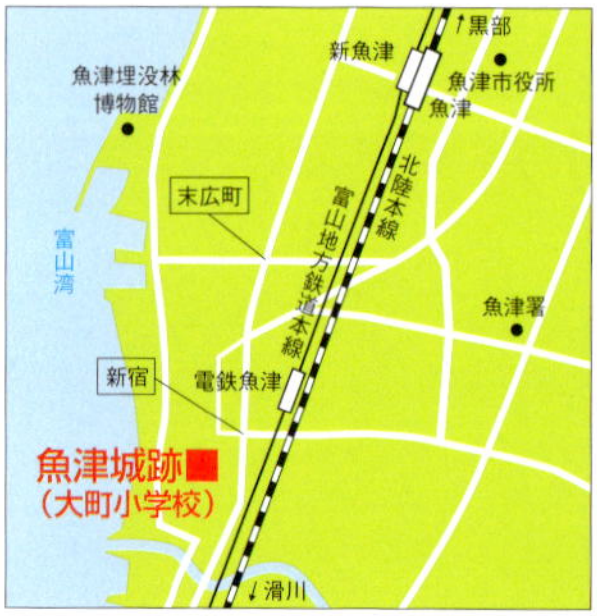

魚津城址

「魚津城址」の碑（魚津市立大町小学校）

魚津城跡

大町校区案内板

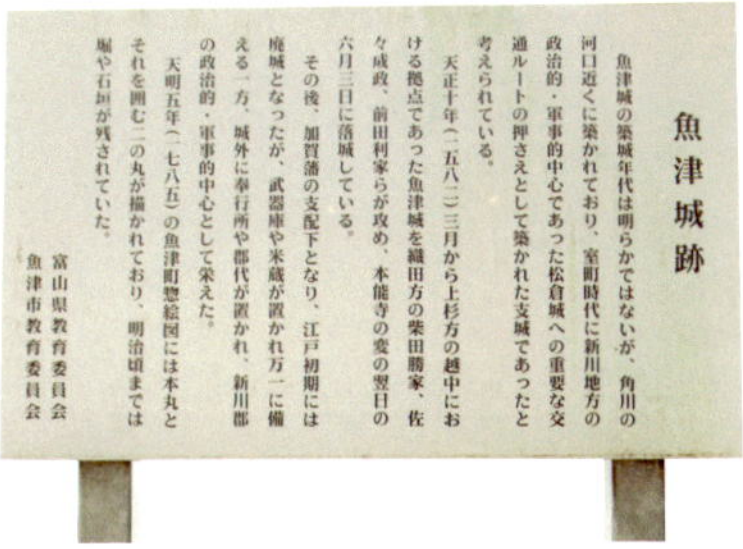
魚津城跡
魚津城の築城年代は明らかではないが、角川の河口近くに築かれており、室町時代に新川地方の政治的・軍事的中心であった松倉城への重要な交通ルートの押さえとして築かれた支城であったと考えられている。
天正十年（一五八二）三月から上杉方の越中における拠点であった魚津城を織田方の柴田勝家、佐々成政、前田利家らが攻め、本能寺の変の翌日の六月三日に落城している。
その後、加賀藩の支配下となり、江戸初期には廃城となったが、武器庫や米蔵が置かれ万一に備える一方、城外に奉行所や郡代が置かれ、新川郡の政治的・軍事的中心として栄えた。
天明五年（一七八五）の魚津町惣絵図には本丸とそれを囲む二の丸が描かれており、明治頃までは堀や石垣が残されていた。
富山県教育委員会
魚津市教育委員会

魚津城跡案内板

上杉謙信の歌碑

二代目ときわの松

2代目ときわの松と謙信の歌碑

直江兼続をめぐる人々

一 樋口《ひぐち》兼豊《かねとよ》

惣右衛門尉、伊予守。元兼。坂戸城（新潟県南魚沼市坂戸）主長尾政景の家臣で、上杉景勝の家老直江兼続の父。上杉景勝の重臣。妻は信州泉弥七郎重蔵の娘である。兼豊の妻は直江氏出身（景綱の妹）とする説もある。天正六年（一五七八）の御館の乱で戦功があり、天正十二年十一月二十四日、景勝から直峰城（新潟県上越市安塚区安塚）主に命じられた。

文禄三年（一五九四）の『文禄三年定納員数目録』によると、知行定納高八百九石一斗六升四合であった。同心衆十四人を抱えていた。天正十六年四月十六日、伊予守となる。慶長三年（一五九八）、三千石給与。慶長六年、千石に減給。慶長七年、兼豊死後、三男与八秀兼が家督を相続し、千石を領す。すでに長男与六兼続は直江家を、二男与七実頼は小国家を相続していた。秀兼は慶長十九年の大坂冬の陣に参陣。樋口家の墓は関興庵（山形県米沢市）にある。兼豊の法名は台翁道高庵。

二 泉《いずみ》重蔵《しげくら》

泉重蔵について、文禄三年（一五九四）の『文禄三年定納員数目録』によると、直峰衆（新潟県上越市安塚区安塚の直峰城）として「妻泉弥七郎重蔵娘　樋口伊予守」とある。直江兼続の父兼豊の妻は信州衆泉弥七郎重蔵の娘であった。兼続の母は、泉重蔵の娘ということになる。泉氏は北信濃水内郡泉郷（長野県飯山市付近）を根拠地とした豪族であった。兼続が永禄三年（一五六〇）誕生なので、その前年頃、娘が樋口兼豊と結婚していたことになる。兼豊の妻は直江氏出身（景綱の妹）とする説もある。

永禄六年、上杉謙信は飯山築城を桃井義孝らに命じたが、これ以前より泉氏は飯山（長野県飯山市）の地を根拠地としていたと思われる。一族に大滝・尾崎・顔戸・西堀・上倉・中曽根・今清水氏などがいた。永禄九年三月十日、将軍足利義昭は泉重蔵に御内書を下し、「対輝虎頼入旨（略）不日参洛之様、令馳走者、可為神妙候」（『尾崎文書』）上杉謙信の上洛と幕府再興を依頼している。

三

おせんの方《かた》

与板城（新潟県長岡市与板町与板）主直江大和守景綱の娘。弘治三年（一五五七）誕生。はじめ上野国総社（群馬県前橋市）長尾顕景の子藤九郎孝景を婿に迎えた。信綱である。天正九年（一五八一）九月一日、信綱が死去したのち、樋口兼続に再嫁す。兼続二十二歳、おせんの方二十五歳のとき。一男二女（長女於松、二女、嫡男景明）をもうける。

慶長三年（一五九八）、兼続に従って米沢城（山形県米沢市丸の内一丁目）に移る。元和五年（一六一九）、六十三歳のとき、夫兼続と死別し、薙髪して貞心尼と号す。以後、禄三千石をうける。寛永十四年（一六三七）一月四日死去。八十一歳。法名宝林院殿月桂貞心大姉。米沢の徳昌寺に埋葬。のち林泉寺（山形県米沢市林泉寺）に改葬。高野山清浄心院（和歌山県伊都郡高野町）に分骨。清浄心院の上杉家墓地の西隣に万年塔があり、「宝林院殿月桂貞心大姉、米沢直江山城為後室」の銘がある。

四

直江《なおえ》 景明《かげあき》

直江兼続の嫡男、母は与板城（新潟県長岡市与板町与板）主直江景綱の娘おせんの方。幼名竹松、平八。文禄三年（一五九四）七月、兼続が羽黒山養蔵坊（山形県鶴岡市羽黒町手向）へ送った覚書に「竹松」の名前が見えない。景明は文禄三年七月以降に誕生したのであろう。景明は生まれつき病弱で、慶長十六年（一六一一）頃、板谷温泉（山形県米沢市板谷）に湯治した。上杉景勝から一字を賜り、景明と称した。慶長十四年十二月二日、本多正信の媒酌で近江国膳所城（滋賀県大津市丸の内町・本丸町）主戸田氏鉄の娘と結婚した。元和元年（一六一五）七月十二日病死。法名月峰清秋大禅正門。高野山に分骨。景明の未亡人は、のちに板倉重宗に嫁いでいる。おせんの方は上杉謙信・上杉景勝・直江兼続・直江景明とその姉妹の冥福を祈って、上杉景勝の命日の寛永六年（一六二九）三月十日に高野山金剛峰寺宝楼閣瑜祇塔を建立した。しかし文化六年（一八〇九）の火災で焼失。谷文晁模写の平八景明像が残っている。

五 大国《おおくに》 実頼《さねより》

与七。但馬守。坂戸城（新潟県南魚沼市坂戸）主長尾政景の家臣樋口兼豊の二男。上杉景勝の家老直江兼続の弟。天正十年（一五八二）、小国重頼の養子となって小国氏を相続。のち、君命によって大国と姓を改める。天正十四年八月の新発田重家討伐の際、従軍。天正十五年十月二十八日、豊臣秀吉の聚楽第新築の時、上杉家の賀使をつとめた。

文禄三年（一五九四）十月二十八日、景勝が秀吉の聚楽第を訪問した際、太刀一腰、小袖十、銀子五十枚を献上。文禄三年の『文禄三年定納員数目録』によると、知行定納高九千四十一石二斗、軍役五百四十二人半であった。慶長三年（一五九八）、景勝の会津移封の際、鴨山城（福島県南会津郡南会津町田島）二万一千石の城代となった。慶長六年、高畠城（山形県東置賜郡高畠町）七千石の城代となる。大国家の墓は関興庵（山形県米沢市）にある。

六 上杉《うえすぎ》 景勝《かげかつ》

弘治元年（一五五五）十一月二十七日、坂戸城（新潟県南魚沼市坂戸）主長尾政景の二男として誕生。母は上杉謙信の姉仙桃院。卯松、喜平次、顕景と称した。謙信の養子となり、天正三年（一五七五）、名を景勝と改め、弾正少弼に叙任された。

天正六年三月十三日、上杉謙信が四十九歳の生涯を閉じると、養子の景勝と景虎とが家督相続をめぐって争った。御館の乱である。景勝は、いち早く春日山城を占拠し、御館の景虎と国内を二分して戦った。同八年、この乱で勝利をえた景勝は謙信の遺領を継ぎ、越後の大名となった。ところが同九年、新発田重家が御館の乱の恩賞に不満をもち、織田信長の勧誘に応じて謀反を起こした。同十五年に重家を討伐し、同十七年には舟千余艘をもって佐渡へ渡り、羽茂本間氏を破り、越後・佐渡を支配下に収めた。

天正十四年、将士四千人を率いて上洛し、豊臣秀吉に臣下の礼をとった。ついで参内し、正親町天皇から天盃を賜り、従四位下、左近衛権少将に任ぜられた。十六年にも上洛し、従三位、参議、中将に任ぜられ、秀吉から豊臣、羽柴の姓と在京料一万石を賜った。

天正十八年、秀吉の小田原征伐に参陣し、上野国松井田城、武蔵国鉢形城、八王子城攻めで戦功をあげた。文禄元年（一五九二）の朝鮮出兵には兵三千を率いて渡海し、熊川城で諸軍を指揮し、翌年、帰国した。同三年、秀吉から伏見城総構堀の普請を命ぜられ、人夫四千人を連れて上洛し、聚楽第で秀吉の饗応をうけた。

慶長三年（一五九八）、秀吉の命で会津百二十万石に移り、徳川家康・前田利家・毛利輝元・宇喜多秀家とともに五大老に列した。秀吉の遺言状に「秀頼を補佐してほしい」とあるように、秀吉は景勝に秀頼の成長を託した。

秀吉死後、上洛し、翌四年八月、会津に帰ると、居城をはじめ領国内諸城の普請、道路・橋梁の整備、軍備の拡張をはじめた。ところが、越後春日山城主堀秀治、出羽角館城主戸沢政盛らは「景勝に謀反の企てあり」と、徳川家康に密告した。家康は使者を会津へ派遣するとともに、景勝の家老直江兼続と親しい豊光寺の僧西笑承兌を通じて景勝の上洛を促した。

家康は景勝に上洛と謝罪を要求したが、景勝が応じようとしなかったので、豊臣政権に対する謀反であるとして、会津征伐を決意するに至った。六月十八日、伏見城を出発して江戸城に入り、ここで軍議を開いて会津へ向かった。家康の会津征伐である。家康の目的は石田三成に挙兵させることにあった。家康は小山（栃木県小山市）で軍議を開き、会津攻めの策を議した。これが世に有名な「小山評定」である。その最中、石田三成の挙兵を知り、会津の押さえとして結城秀康を残し、全軍を西上させた。九月十五日、家康は関ケ原で三成を中心とする西軍を破り、覇権を掌中に収めた。

一方、上杉家では十月一日、関ケ原の合戦での西軍の敗北を知り、直江兼続はただちに軍を撤退させた。見事な引き際であった。会津若松城では、和戦両論が論議されたが、翌六年、景勝は家康の子息結城秀康を頼って上洛。八月八日、家康に謁見して謝罪し、十七日、米沢城三十万石に移封を命ぜられた。このときの上杉家の政治工作、情勢判断は実にすばらしかった。ひとえに直江兼続の手腕による。

慶長十九年の大坂冬の陣、翌元和元年（一六一五）の大坂夏の陣では先鋒を承り、戦功をたてて家康・秀忠の信任をえた。

元和九年三月二十日、米沢城で死去。六十九歳であった。法名は覚上院殿空山宗心大居士。墓は上杉家廟所（山形県米沢市御廟一丁目）と高野山（和歌山県伊都郡高野町高野山）にある。

七 直江《なおえ》実綱《さねつな》（景綱《かげつな》）

おせんの方（直江兼続の妻）の父。幼名神五郎。はじめ実綱と称し、永禄七年（一五六四）、上杉謙信から「景」の一字を賜り、名を景綱と改めた。永禄二年、与兵衛尉、永禄五年、大和守に任官し、政綱と称す。与板城（新潟県長岡市与板町与板）を本拠地に、長尾為景、長尾晴景、上杉謙信の三代に仕えた。特に謙信政権のもとでは、本庄実乃、河田長親らと行政機構の中枢を担い、奉行職として活躍した。

永禄二年十月二十八日の「侍衆御太刀之次第」に名前を連ねている。天正三年（一五七五）二月十六日の「上杉家軍役帳」によると、鑓二百丁、手明三十人、鉄砲二十丁、大小旗二十本、馬上三五騎の三百五人の軍役を負担。晩年、入道して酒椿斎と号した。天正四年、石動山城（石川県鹿島郡中能登町石動山）主となる。天正五年四月五日、七十余歳で死去したといわれている。

八　直江《なおえ》信綱《のぶつな》

藤九郎、景孝。上野国総社（群馬県前橋市）の長尾顕景の子。「惣社長尾系図」（『前橋市史』）に「景孝　藤九郎　後直江大和守姫仁嫁志天直江与兵衛信綱登号天上杉輝虎家臣登成」とある。景孝は与板城（新潟県長岡市与板町与板）主直江実綱（景綱）の娘おせんの方の婿となり、信綱と号した。その時期は不明であるが、恐らく天正五年四月五日の景綱死去の直前であったであろう。

信綱は天正六年の御館の乱で、上杉景勝方として活躍。景勝の馬廻（旗本）大将、奉行人であった。天正九年九月一日、春日山城中で御館の乱の論功行賞のもつれから、毛利秀広（佐橋荘を根拠地とする、新潟県柏崎市）が景勝側近の儒者山崎秀仙（専柳斎、永禄末年より活躍）を斬殺。秀仙と談じていた信綱は、とっさの出来事に驚き、秀広に斬りかかったが、逆に殺害された。信綱にとっては災難であった。

九　長尾《ながお》政景《まさかげ》

上杉景勝の父。直江兼続の父兼豊の主君。上杉謙信の姉仙桃院が政景に嫁ぐ。永禄五年（一五六二）十一月九日、政景は河田長親に起請文を納めた。その際、居多大明神（新潟県上越市五智六丁目一番十一号）に偽りのないことを誓っている。

永禄七年七月五日、政景は宇佐美定満を招き、野尻池（新潟県湯沢市谷後）で舟を浮かべて遊宴を催した。酒に酔い、興にのった二人は池に飛び込み、遊泳をはじめた。池の水は思ったより冷たく、酔いもてつだい、心臓マヒでも起こしたのであろうか、二人とも溺死してしまった。政景三十九歳、定満七十六歳であったという。

政景の墓は坂戸城下の上田長尾家菩提寺であった旧龍言寺（楞厳寺）境内にある。龍言寺は、景勝とともに米沢城下に移った。龍言寺（山形県米沢市西大通）には、政景の位牌がある。常慶院（山形県米沢市南原横堀町）に政景夫妻の画像がある。

仙桃院《せんとういん》

仙洞院。上杉景勝の母。綾姫と伝える。父は守護代長尾為景、母は虎御前。生年未詳。享禄三年（一五三〇）生まれの謙信より二歳、または六歳年長という。

坂戸城（新潟県南魚沼市坂戸）主長尾政景に嫁し、二男二女を生む。長男義景は十歳で早世。二男顕景はのちの上杉景勝。

長女は名前未詳、謙信の養子上杉景虎に嫁ぐ。天正七年（一五七九）三月十七日、御館（新潟県上越市五智一丁目）で自害。法名華渓昌春大禅定尼。

二女は上条城（新潟県柏崎市）主上条義春（政繁）に嫁ぎ、元和八年（一六二二）九月二十日没、法名仙洞院殿離三心契首座。

仙桃院は永禄七年（一五六四）、夫政景の死後、謙信の招きで景勝と春日山城に移る。慶長三年（一五九八）、景勝と会津（福島県会津若松市）へ、ついで慶長六年、米沢城（山形県米沢市）に移り、同十四年二月十五日、米沢城二の丸で死去。八十二歳か。法名仙洞院殿知三道早首座。長尾政景夫妻画像は常慶院（山形県米沢市南原横堀町）に、仙桃院の墓は林泉寺（山形県米沢市林泉寺）にある。

戦国時代のおもな城館跡

（花ケ前盛明、作成）

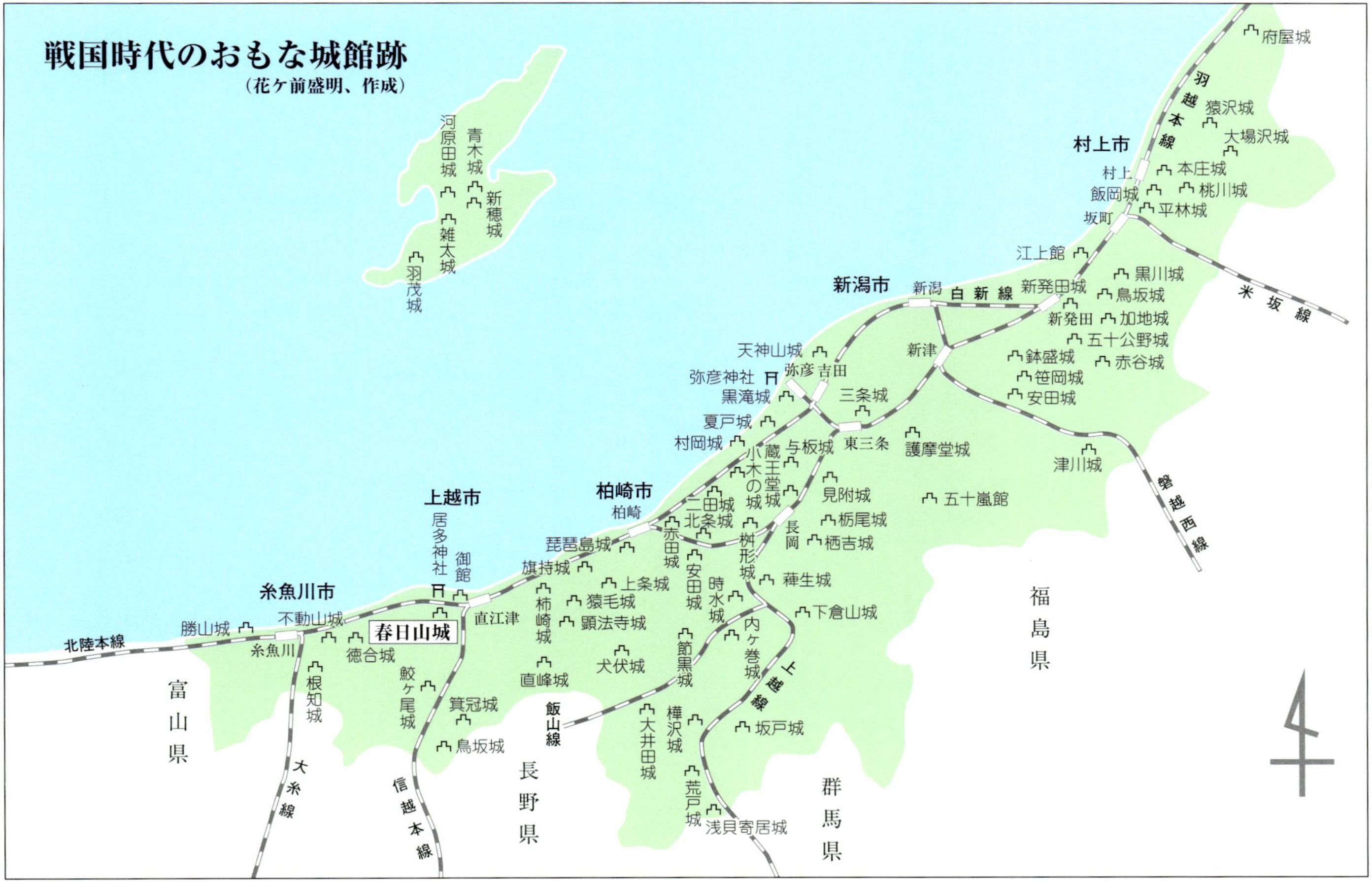

樋口氏系図

中原兼遠 ―― 樋口兼光 ―― 光信 ―― 兼明 ―― 兼基 ―― 兼秀 ――

―― 兼信 ―― 兼安 ―― 兼林 ―― 兼季 ―― 兼通 ―― 兼氏 ―― 兼富 ―― 兼詮 ――

―― 兼定
総右衛門
越後に来往し、上田坂戸城主長尾氏の家臣となる。

―― 兼村
与三右衛門

―― 兼豊
惣右衛門尉
上杉景勝の重臣。妻は泉弥七郎重蔵の娘。妻は直江氏出身（景綱の妹）とする説もある。天正十二年十一月二十四日、直峰城主となる。天正十六年四月十六日、伊予守となる。慶長三年、三千石給与。慶長六年、千石に減給。慶長七年九月十二日没。法名台翁道高庵。

―― 兼続
永禄三年誕生、与六。天正九年、直江家を相続。

―― 実頼 ―― 光頼
実頼：永禄五年誕生、与七。天正十年、小国三河守重頼の養子となり、小国家を相続。天正十五年、大国と改める。慶長三年、鳴山城将となる。元和八年二月九日没、六十一歳。法名通瀾宗達居士。
光頼：秀兼の子

玄蕃
五十騎組に属す。

秀兼
与八。樋口家を相続、千石を領す。
—長兼
子孫は山形県に現住

女子
長女。きた。須田満胤

女子
二女。色部光長室。

女子
三女。篠井泰信室。

兼久
与右衛門
—兼重
与三右衛門
（惣）
景勝の重臣。
御館の乱の天正六年六月十七日、赤沢城救援主将となる。天正九年二月二十八日、荒戸城将となる。
—与右衛門
五十騎組に属す。

（花ケ前 盛明　作成）

直江氏系図

（——は実子、……は養子）

藤原鎌足——不比等

不比等の子：
- 武智麻呂（南家祖）
- 房前（北家祖）
- 宇合（式家祖）
- 麻呂（京家祖）——浜成——豊彦——冬緒

冬緒——憲友——憲満——憲勝——憲雄——康治——康光——康永——忠康

忠康——秀康——秀明——秀綱——（以下、数代不明）——昌山一徳——親綱
大和守

親綱——景綱
幼名神五郎。初め実綱、政綱、「景」の一字を賜り景綱と改める。永禄二年、与兵衛、永禄五年、大和守に任官。為景・晴景・謙信三代に仕える。奉行職。晩年入道して酒椿斎と号す。天正四年、能登石

景綱……信綱
与兵衛。上野国総社長尾顕景の子藤九郎、景孝。馬廻り（旗本）大将、奉行職。天正九年九月一日斬殺。

景綱——おせんの方
与板城主直江景綱の娘。初め与兵衛（信綱）に嫁す。天正九年、信綱没後、兼続に再嫁。兼続没後、貞心尼と号す。寛永十四年一月四日没、八

女
長女、於松。慶長十年（十一年説もある）八月十七日病死。法名吉山梅龍心立大姉。

女……政重
本多佐渡守正信二男。左兵衛。慶長九年閏八月、婿養子となり於松と結婚、安房守勝吉と称す。慶長十六年、帰家。

動山城将となる。天正五年四月五日没。七十余歳。

女
樋口兼豊室説あり

重綱

正信

十一歳。法名宝林院殿月桂貞心大姉、米沢徳昌寺に埋葬、高野山清浄心院に分骨。

兼続
永禄三年誕生。樋口兼豊の長男。母は泉弥七郎重蔵の娘。与六、加冠して兼続。天正九年、直江家を相続。天正十一年、山城守に任官。天正十六年、従五位下、豊臣姓を賜る。天正十八年、秀吉の小田原征伐に出陣。文禄元年、渡韓。慶長三年、米沢入城。慶長十三年一月四日、重光と改名。元和五年十二月十九日、江戸鱗屋敷で没、六十歳。米沢徳昌寺に埋葬、のち林泉寺に改葬。法名英貔院殿達三全智居士。大正十三年、従四位。昭和十三年、県社松岬神社に合祀。

女
阿虎。兼続の弟大国実頼の娘。安房守勝吉の継室。寛永四年五月十日没。

与次郎
主馬。長房。本庄城主本庄繁長の子。文禄二年、養子となる。しばらくして帰家。

景明
嫡男。幼名竹松、景八。慶長十四年十二月二日、本多正信の媒酌で近江国膳所城主戸田氏鉄の娘と結婚。元和元年七月十二日病没。法名月峰清秋大禅定門。高野山に分骨。

女
二女。慶長十年一月病没。法名雪窓幻春大姉。

（花ケ前　盛明　作成）

直江兼続略年譜

西暦	年号	兼続年齢	景勝年齢	年譜
一五六〇	永禄3	1	6	直江兼続、坂戸城（南魚沼市）主長尾政景の家臣樋口兼豊の嫡男として、坂戸城下で誕生。母は信濃の武将泉弥七郎重蔵の娘。幼名与六、加冠して兼続、慶長13年より重光と名乗る。
一五六二	永禄5	3	8	この年、兼続の弟樋口与七誕生（のちの大国実頼）。
一五六四	永禄7	5	10	7・5　長尾政景、野尻池（湯沢町）で琵琶島城（柏崎市）主宇佐美定満と舟遊中、2人とも溺死。この頃、兼続、景勝の近習となる。間もなく、上杉謙信の招きで、仙桃院・景勝・兼続は春日山城（上越市）に移る。景勝、謙信の養子となる。
一五七五	天正3	16	21	1・11　景勝、上杉弾正少弼を称す。
				2・16　謙信、「上杉家軍役帳」を作成し、諸将の軍役を定める。景勝、一門の筆頭に名前を連ねる。
一五七八	天正6	19	24	3・13　謙信死去、49歳。養子の景勝と景虎とが家督相続をめぐって争う。御館の乱おこる。
一五七九	天正7	20	25	3・24　上杉景虎、鮫ヶ尾城（妙高市）で自害。26歳。10・20　景勝、武田信玄の娘菊姫と結婚。
一五八〇	天正8	21	26	7・17　景勝、御館の乱の論功行賞として兼続に河海免除の船1艘を給す。
一五八一	天正9	22	27	9・1　直江信綱、殺害される。景勝、樋口兼続に直江の家名を継がす。兼続、信綱の未亡人おせんの方（25歳）と結婚。
				11・19　須田満親書状に直江与六とある。直江家を名乗った初見。
一五八二	天正10	23	28	4・23　越中魚津城（魚津市）守将ら兼続に決死の覚悟を報ず。6・3　魚津城守将ら玉砕。
一五八四	天正12	25	30	11・24　景勝、兼続の父樋口惣右衛門兼豊を直峰城（上越市）主に命ず。
一五八七	天正15	28	33	10・25　兼続、景勝に従軍し、新発田城（新発田市）主新発田重家を討伐。
一五八八	天正16	29	34	8・17　兼続、従五位下を賜り、豊臣姓を許される。『古文真宝抄』23巻を写す。
一五八九	天正17	30	35	6・16　兼続、景勝に従軍し本間高貞の羽茂城（佐渡市）を攻略し、佐渡を平定する。
一五九〇	天正18	31	36	3・　兼続、景勝に従軍し豊臣秀吉の小田原征伐に出陣。松井田城・鉢形城・八王子城を攻略。
一五九二	文禄元	33	38	3・1　兼続、景勝に従い兵5千を率いて春日山城を出陣。
				4・　名護屋城（唐津市）に滞在中、『済世救方』３００巻を写す。
				6・2　兼続、豊臣秀吉の小鷹丸に乗り渡韓。文禄の役。

一五九三	文禄2	34	39	1・10	兼続、景勝と朝鮮陣中で連歌会を催す。
				9・8	景勝に従って名護屋城に帰陣。
一五九四	文禄3	35	40	3・23	兼続、景勝に従って春日山城を出発、秀吉の命で伏見城（京都市）総構堀普請に従事。
				9・	景勝、家臣団の知行定納高を調べ、『文禄三年定納員数目録』を作成。
一五九七	慶長2	38	43	1・20	兼続、秀吉より伏見城舟入総奉行に命じられる。
				11・	景勝、『越後国郡絵図』作成。今日、頸城郡と瀬波郡がのこっている。
一五九八	慶長3	39	44	1・10	景勝、秀吉から会津（福島県）百二十万石移封を命じられる。兼続、米沢六万石を領す。
一六〇〇	慶長5	41	46	2・2	景勝、神指原（会津若松市）に新城を築城、兼続、総監す。
				4・13	豊光寺西笑承兌の書状、兼続に到着。
				5・3	兼続の返書、承兌に到着。徳川家康、会津征伐を命ず。
				9・3	兼続、最上義光征伐のため出陣を命ず。
				9・15	関ヶ原の合戦。石田三成の西軍敗北。
一六〇一	慶長6	42	47	8・17	景勝、徳川家康より米沢城（米沢市）三十万石に減封を命じられる。
				11・28	景勝、六千人の家臣をつれ、米沢城に入る。
一六〇四	慶長9	45	50	9・	兼続、白布温泉（高湯温泉）で鉄砲千丁を鋳造する。
一六一四	慶長19	55	60	10・1	家康、大坂城攻めの号令を下す。10・16 景勝、米沢城を出陣。
				11・26	上杉軍、鴫野口（大阪市）の合戦で勝利する。兼続、上杉軍の殿軍をつとめる。大坂冬の陣。
一六一五	元和元	56	61	1・17	兼続、将軍秀忠から大坂冬の陣の戦功で感状、太刀一腰、小袖を賜る。
				4・6	家康、再び大坂城攻めの令を発す。4・10 兼続、景勝と米沢城を出陣。下旬、大坂に着陣。
				5・3	兼続、八幡に着陣。大坂夏の陣。5・8 大坂落城、豊臣氏滅亡。
一六一九	元和5	60	65	12・19	兼続、江戸鱗屋敷で死去、60歳。米沢徳昌寺に埋葬、のち、米沢林泉寺に改葬（夫妻の墓は昭和28年、山形県史跡名勝天然記念物に指定）。高野山清浄心院に分骨。法名英貔院殿達三全智居士。昭和13年4月14日、県社松岬神社に合祀。
一六二三	元和9		69	3・20	景勝、米沢城で死去。
一六三七	寛永14			1・4	おせんの方、死去。81歳。

（年齢は数え年としました）

徳昌寺 p44
都野神社 p45
与板城跡 p40
栃尾城跡 p46
春日山城跡 p14
林泉寺 p20
居多神社 p22
御館跡 p18
高田城跡 p24
直峰城跡 p26
下倉山城跡 p38
龍澤寺 p36
樺沢城跡 p36
坂戸城跡 p30
雲洞庵 p34
新潟
群馬
柏崎
長岡市
見附
小千谷
魚沼
十日町
南魚沼
飯山
中野
沼田
渋川
山
脈
北陸自動車道
関越自動車道
上越新幹線
信越本線
飯山線
上越線
北越急行
吾妻線
柏崎IC
米山IC
西山IC
長岡JCT
長岡IC
中之島見附IC
上越IC
柿崎IC
小千谷IC
越後川口IC
堀之内IC
小出IC
六日町IC
塩沢石打IC
湯沢IC
水上IC
月夜野IC
沼田IC
昭和IC
赤城IC
渋川伊香保IC
万座ハイウエイ
鬼押ハイウエイ
白糸ハイウエイ
野沢温泉
尾瀬ヶ原
奥利根湖
藤原湖
榛名湖
三国峠
D
E
F
1
2
3
4

富山
長野
飛騨山脈
魚津城跡 p106
鮫ヶ尾城跡 p28
北陸自動車道
上信越自動車道
糸魚川
上越市
黒部
魚津
大町
長野
須坂
千曲
上田
東御
小諸
松本
白馬
小谷
妙高高原IC
信濃町IC
糸魚川IC
能生IC
親不知IC
朝日IC
黒部IC
魚津IC
更埴IC
更埴JCT
長野IC
須坂長野東IC
坂城IC
上田菅平IC
東部湯の丸IC
小諸IC
麻績IC
信州中野IC
松本トンネル
三方山トンネル
平井寺トンネル
白馬長野道路
五輪大橋
富山地方鉄道
黒部渓谷鉄道
北陸本線
大糸線
しなの鉄道
上田電鉄
篠ノ井線
立山道路
黒部ダム
高瀬ダム
野尻湖
青木湖
木崎湖
東日本フェリー（博多－直江津）
1：600,000
0 6 12km
新潟県
富山県
群馬県
長野県
栃木県
A
B
C
1
2
3
4

山形
宮城
福島
朝日山地
飯豊山地
村上城跡 p56
畑谷城跡 p68
山形城跡 p62
最上義光歴史館 p64
長谷堂城跡 p66
亀岡文殊堂 p70
上杉家廟所 p82
上杉神社稽照殿 p72
米沢城跡 p76
松岬神社 p78
東源寺 p92
法泉寺 p90
神達神社 p95
宮坂考古館 p88
直江石堤 p96
直峰町 p94
龍師火帝の碑 p97
米沢市上杉博物館 p80
林泉寺 p84
白布温泉 p98
五色温泉 p98
神指城跡 p102
若松城 p100
向羽黒山城跡 p104
村上
寒河江
天童
山形
上山
長井
南陽
米沢
喜多方
会津若松
福島
伊達
村山
1：600,000
0
6
12km
新潟県
山形県
福島県
1
2
3
4
D
E
F

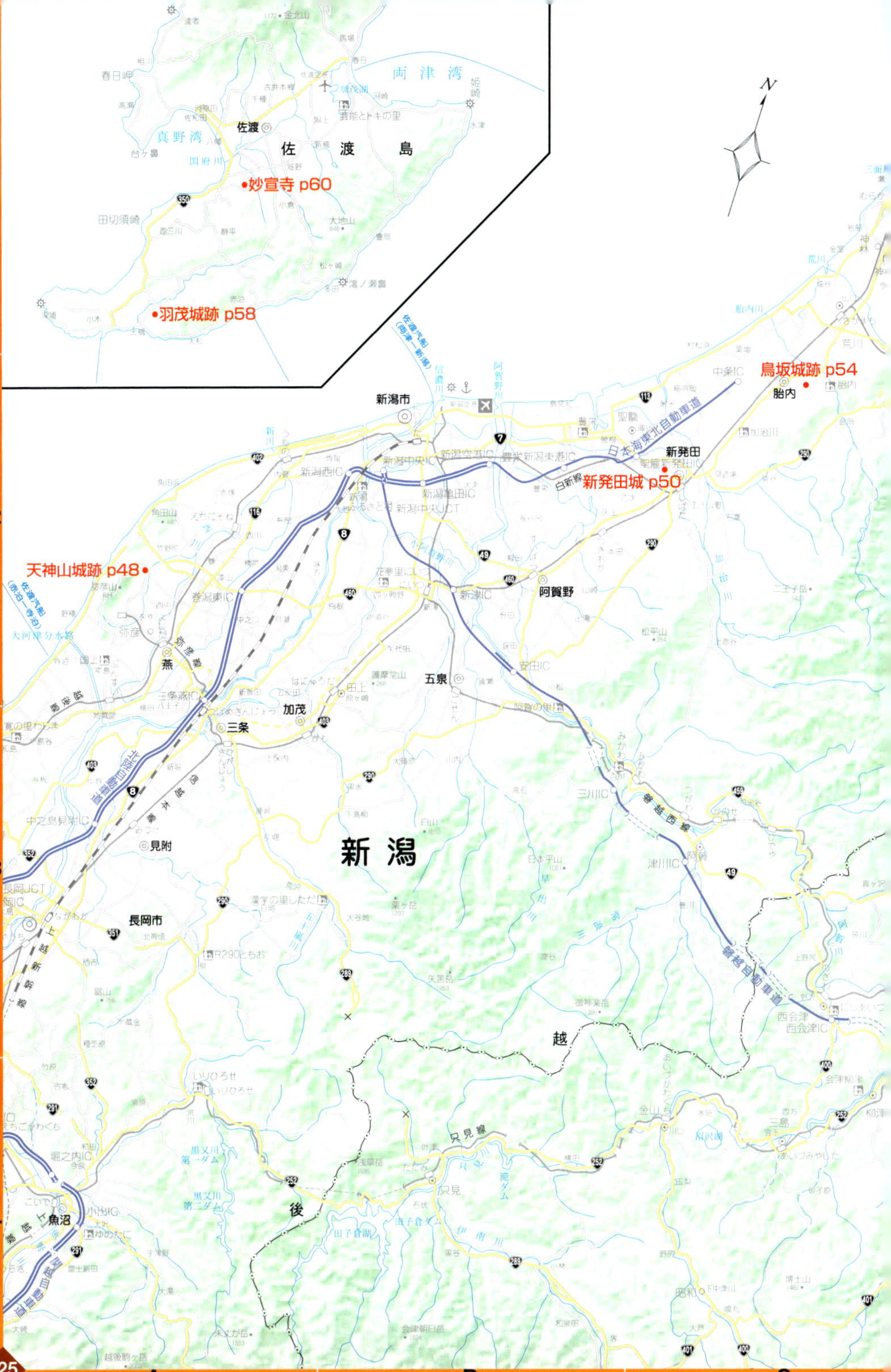

1
2
3
4
A
B
C
佐渡島
両津湾
真野湾
佐渡
加茂湖
芸能とトキの里
金北山
大地山
国府川
妙宣寺 p60
羽茂城跡 p58
田切須崎
台ヶ鼻
春日岬
姫崎
滝ノ瀬島
佐渡汽船（両津―新潟）
佐渡汽船（赤泊―寺泊）
信濃川
阿賀野川
新潟市
新潟西IC
新潟中央IC
新潟空港IC
豊栄新潟東港IC
新潟亀田IC
新潟中央JCT
新津IC
巻潟東IC
安田IC
三川IC
津川IC
中条IC
聖籠新発田IC
日本海東北自動車道
北陸自動車道
磐越自動車道
磐越西線
白新線
弥彦線
越後線
信越本線
上越新幹線
只見線
鳥坂城跡 p54
胎内
新発田
新発田城 p50
阿賀野
五泉
天神山城跡 p48
弥彦
燕
三条燕IC
三条
加茂
見附
中之島見附IC
長岡JCT
長岡市
大河津分水路
角田山
護摩堂山
松平山
二王子岳
白山
日本平山
粟ヶ岳
矢筈岳
御神楽岳
浅草岳
未丈ヶ岳
越後駒ヶ岳
会津朝日岳
博士山
新潟
越
後
R290とちお
漢学の里しただ
いりひろせ
黒又川第一ダム
黒又川第二ダム
田子倉湖
田子倉ダム
滝ダム
只見
叶津
金山
三島
西会津
西会津IC
会津柳津
昭和
小出IC
魚沼
堀之内IC
ゆのたに
沼沢湖
荒川
加治川
胎内川
早出川
伊南川

船見公園
中央四丁目
第四
直江津郵便局
住吉町
荒川橋
川原町
中央保育園
中央五丁目
北越
直江津小
信越本線
スポーツ公園
春日新田三丁目
春日新田二丁目
貢行寺幼稚園
上越信金
たちばな幼稚園
海浜公園
直江津図書館
中央一丁目
直江津中
八十二
直江津南小
麓病院
直江津橋
西本町三丁目
八坂神社
直江津高
直江津中等教育学校
ホテル
センチュリーイカヤ
直江津駅前郵便局
直江津有田郵便局
春日新田
三ッ屋町
三ツ屋
原信
春日新田一丁目
エルマール
イトーヨーカドー
直江津駅前交番
聖公会聖上智幼稚園
安江一丁目
有田保育園
富山第一
西本町一丁目
上越信金
大光
第四
八幡郵便局
第四
五智一丁目
直江津駅
350
上越北消防署
春日新田小
安江二丁目
毘沙門公園
労金
新潟農政事務所
東雲町一丁目
松村新田
五智一丁目
東雲町二丁目
春日新田公園
御館跡 P18
新潟労災病院
春日新田五丁目
ホテル
アルファーワン上越
8
安江三丁目
市環境衛生公社
下源入
下源入
石橋二丁目
石橋一丁目
栄町一丁目
安江
マクドナルド
石橋局
石橋
関川大橋
上源入
8
直江津ゴルフ練習場
下門前
ビジネスホテル
GENKIJIN
三交病院
塩屋新田
石橋
新光町三丁目
特養老人ホーム新光園
18
上源入ふれあい公園
ケアハウス上越
上越テクノスクール
門前にこにこ保育園
マハヤナ幼稚園
三田新田
ひらせい
ホームセンター
関
川
西濃運輸
リージョンプラザ上越
新光町一丁目
上越科学館
三田
みどり自動車学校
信越本線
終末処理場
ジャスコ
アコーレ
新光町二丁目
上越サンプラザホテル
アコーレ内郵便局
大曲保育園
戸野目川
謙信公大橋
上越アルカディアシティ
藤野新田
福山通運
オールシーズンプール
上越IC
上越総合病院
上越市文化会館
上越信金
春日変電所
上越シティホテル
佐川急便
新潟県信組
上越市役所
木田二丁目
北陸自動車道
木田一丁目
上越市総合体育館
大道福田
富岡
水沢の家具
新潟地方法務局上越支局
北田屋新田
富岡
春日山駅
上越南警察署春日山交番
富岡保育園
コメリ
春日山郵便局
春日山橋
上越ウイング
上越保健所
南田屋新田

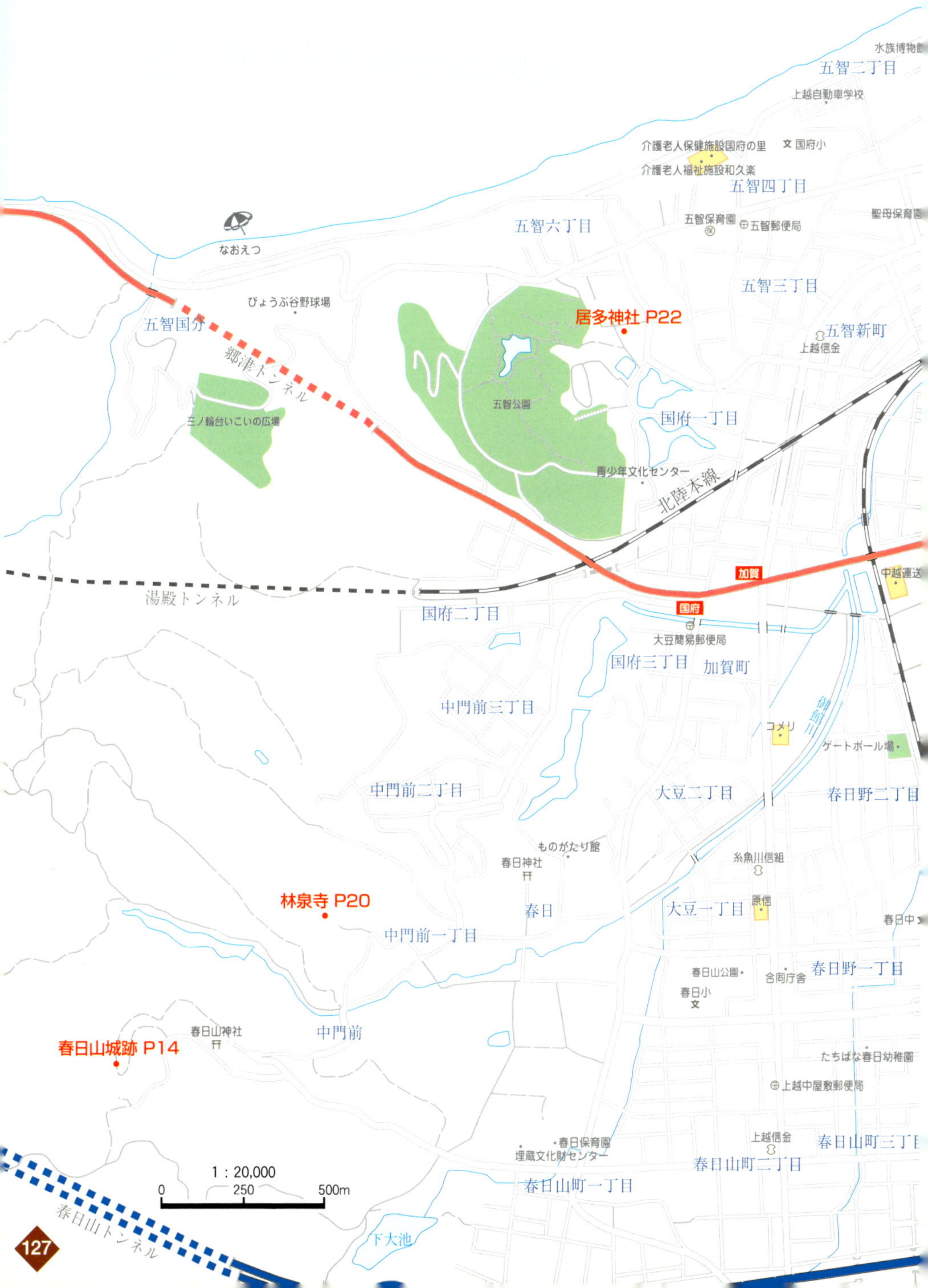
水族博物館
五智二丁目
上越自動車学校
介護老人保健施設国府の里
国府小
介護老人福祉施設和久楽
五智四丁目
聖母保育園
五智保育園
五智郵便局
五智六丁目
なおえつ
五智三丁目
びょうぶ谷野球場
居多神社 P22
五智国分
五智新町
上越信金
郷津トンネル
五智公園
国府一丁目
三ノ輪台いこいの広場
青少年文化センター
北陸本線
加賀
中越運送
湯殿トンネル
国府
国府二丁目
大豆簡易郵便局
国府三丁目
加賀町
中門前三丁目
御館川
コメリ
ゲートボール場
中門前二丁目
大豆二丁目
春日野二丁目
ものがたり館
春日神社
糸魚川信組
林泉寺 P20
春日
大豆一丁目
原信
春日中
中門前一丁目
春日山公園
合同庁舎
春日野一丁目
春日小
春日山神社
中門前
春日山城跡 P14
たちばな春日幼稚園
上越中屋敷郵便局
春日保育園
埋蔵文化財センター
上越信金
春日山町三丁目
春日山町二丁目
1：20,000
0
250
500m
春日山町一丁目
春日山トンネル
下大池

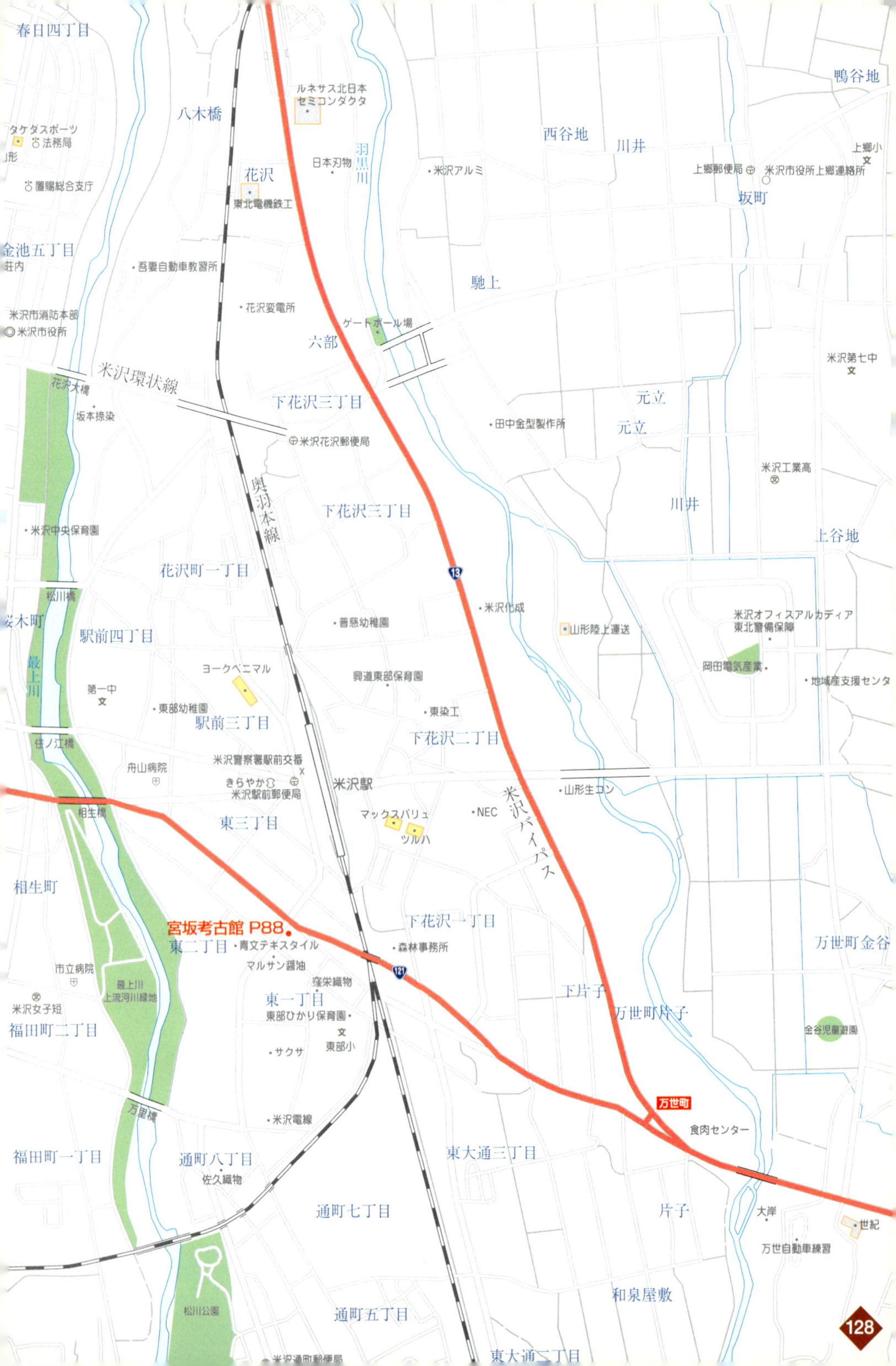
春日四丁目
八木橋
タケダスポーツ
法務局
置賜総合支庁
金池五丁目
荘内
吾妻自動車教習所
米沢市消防本部
米沢市役所
花沢
東北電機鉄工
ルネサス北日本
セミコンダクタ
日本刃物
羽黒川
花沢変電所
ゲートボール場
六部
米沢環状線
花沢大橋
坂本捺染
下花沢三丁目
米沢花沢郵便局
奥羽本線
米沢中央保育園
下花沢三丁目
花沢町一丁目
松川橋
駅前四丁目
最上川
第一中
文
ヨークベニマル
東部幼稚園
駅前三丁目
普慈幼稚園
興道東部保育園
東染工
下花沢二丁目
住ノ江橋
舟山病院
米沢警察署駅前交番
きらやか
米沢駅前郵便局
米沢駅
マックスバリュ
ツルハ
NEC
米沢バイパス
相生橋
東三丁目
相生町
宮坂考古館 P88
東二丁目
青文テキスタイル
マルサン醤油
窪栄織物
下花沢一丁目
森林事務所
121
市立病院
最上川
上流河川緑地
米沢女子短
福田町二丁目
東一丁目
東部ひかり保育園
東部小
サクサ
米沢電線
万里橋
福田町一丁目
通町八丁目
佐久織物
通町七丁目
松川公園
通町五丁目
東大通三丁目
東大通二丁目
鴨谷地
西谷地
川井
上郷小
上郷郵便局
米沢市役所上郷連絡所
坂町
米沢アルミ
馳上
米沢第七中
元立
元立
田中金型製作所
米沢工業高
川井
上谷地
13
米沢化成
山形陸上運送
米沢オフィスアルカディア
東北警備保障
岡田電気産業
地域産業支援センタ
山形生コン
万世町金谷
下片子
万世町片子
金谷児童遊園
万世町
食肉センター
片子
大岸
世紀
万世自動車練習
和泉屋敷

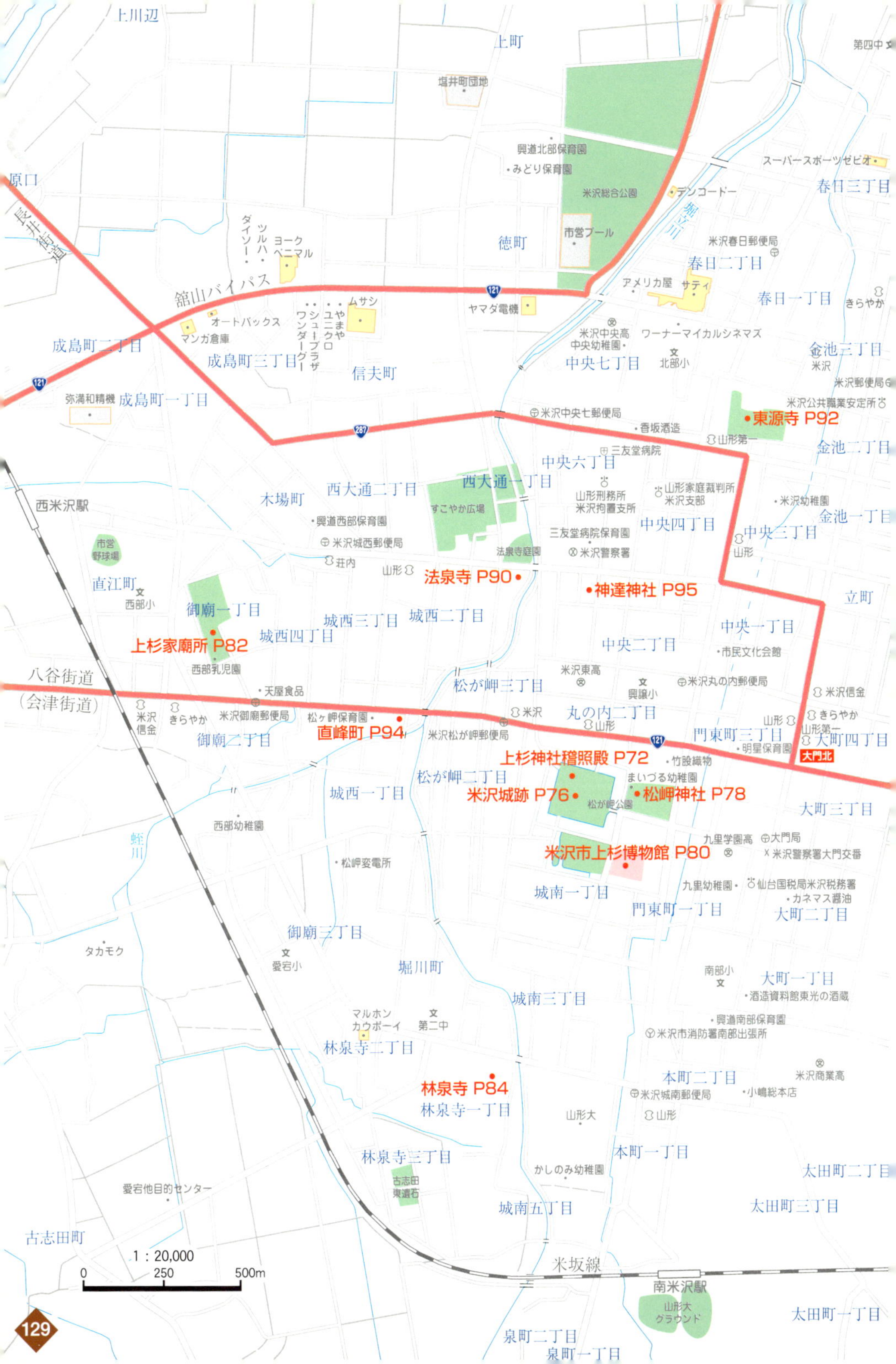

上川辺
上町
第四中
塩井町団地
興道北部保育園
みどり保育園
スーパースポーツゼビオ
原口
長井街道
米沢総合公園
デンコードー
春日三丁目
ダイソー
ツルハ
ヨーク
ベニマル
市営プール
堀立川
徳町
米沢春日郵便局
春日二丁目
舘山バイパス
121
アメリカ屋
サティ
春日一丁目
きらやか
オートバックス
ムサシ
ヤマダ電機
マンガ倉庫
ワンダーグー
シュープラザ
ユニクロ
やまや
米沢中央高
中央幼稚園
ワーナーマイカルシネマズ
成島町二丁目
成島町三丁目
北部小
中央七丁目
金池三丁目
米沢
信夫町
米沢郵便局
弥満和精機
成島町一丁目
米沢公共職業安定所
米沢中央七郵便局
東源寺 P92
287
香坂酒造
山形第一
三友堂病院
金池二丁目
中央六丁目
西大通二丁目
西大通一丁目
山形家庭裁判所
米沢支部
西米沢駅
木場町
山形刑務所
米沢拘置支所
すこやか広場
米沢幼稚園
興道西部保育園
中央四丁目
金池一丁目
市営
野球場
米沢城西郵便局
三友堂病院保育園
中央三丁目
山形
荘内
法泉寺庭園
米沢警察署
直江町
山形
法泉寺 P90
神達神社 P95
西部小
立町
御廟一丁目
城西三丁目
城西二丁目
中央一丁目
上杉家廟所 P82
城西四丁目
中央二丁目
市民文化会館
西部乳児園
米沢東高
八谷街道
（会津街道）
天屋食品
松が岬三丁目
興譲小
米沢丸の内郵便局
米沢信金
米沢
信金
きらやか
米沢御廟郵便局
松ヶ岬保育園
米沢
丸の内二丁目
山形
山形
きらやか
山形第一
直峰町 P94
米沢松が岬郵便局
門東町三丁目
大町四丁目
御廟二丁目
121
明星保育園
大門北
上杉神社稽照殿 P72
竹腰織物
松が岬二丁目
まいづる幼稚園
城西一丁目
米沢城跡 P76
松岬神社 P78
松が岬公園
大町三丁目
西部幼稚園
九里学園高
大門局
蛭川
米沢市上杉博物館 P80
米沢警察署大門交番
松岬変電所
九里幼稚園
仙台国税局米沢税務署
城南一丁目
カネマス醤油
門東町一丁目
大町二丁目
御廟三丁目
タカモク
愛宕小
堀川町
南部小
大町一丁目
城南三丁目
酒造資料館東光の酒蔵
マルホン
カウボーイ
第二中
興道南部保育園
林泉寺二丁目
米沢市消防署南部出張所
林泉寺 P84
本町二丁目
米沢商業高
米沢城南郵便局
小嶋総本店
林泉寺一丁目
山形大
山形
本町一丁目
林泉寺三丁目
太田町二丁目
古志田
東遺石
かしのみ幼稚園
愛宕他目的センター
城南五丁目
太田町三丁目
古志田町
1：20,000
0
250
500m
米坂線
南米沢駅
山形大
グラウンド
太田町一丁目
泉町二丁目
泉町一丁目

花ケ前　盛明（はながさき・もりあき）
一九三七年、新潟県上越市に生まれる。
國學院大學大学院修士課程（日本史学）修了。
越後一の宮居多神社宮司。新潟県神社庁教化講師。
新潟県文化財保護連盟理事。上越市文化財調査審議会委員。
上越郷土研究会会長。
著　書
『上杉謙信』（新潟日報事業社）一九八八年
『にいがた歴史紀行　14　上越市』（新潟日報事業社）
一九九五年
『上杉謙信　ゆかりの地を訪ねて』（新潟日報事業社）
二〇〇二年
『越佐の神社』（新潟日報事業社）二〇〇二年
『新・にいがた歴史紀行　10　新・上越市』（新潟日報事業社）
二〇〇五年
『越後　上杉一族』（新人物往来社）二〇〇五年
『上杉謙信』新装版（新人物往来社）二〇〇七年
『直江兼続』（新潟日報事業社）二〇〇八年
編著書
『上杉謙信大辞典』コンパクト版（新人物往来社）二〇〇二年
『直江兼続のすべて』新装版（新人物往来社）二〇〇八年
『新編　上杉謙信のすべて』（新人物往来社）二〇〇八年
『上杉景勝のすべて』新装版（新人物往来社）二〇〇八年
『直江兼続大辞典』（新人物往来社）二〇〇八年
平成二十一年NHK大河ドラマ「天地人」資料提供担当
現住所　〒九四二－〇〇八一　上越市五智六－一－一

撮　　影　山本　徹
デザイン　アトリエ野良
地図制作　ウイングキッカワ

出版にあたり、ご協力いただきました各寺院・神社、関係各市町村教育委員会をはじめ多くの方々に感謝申し上げます。

直江兼続 史跡探訪

平成21(2009)年5月25日　初版発行

著　者　花ケ前　盛明
発行者　德永　健一
発行所　㈱新潟日報事業社
〒951-8131
新潟市中央区白山浦2-645-54
TEL 025-233-2100　FAX 025-230-1833
http://www.nnj-net.co.jp
印刷所　小野塚印刷㈱

この地図の作成に当たっては、国土地理院長の承認を得て、同院発行の50万分の1地方図及び数値地図25000（空間データ基盤）を使用した。（承認番号　平21業使、第33号）

ISBN 978-4-86132-339-3